幽默口才

冠 诚◎著

中国商业出版社

图书在版编目（CIP）数据

幽默口才／冠诚著．--北京：中国商业出版社，
2019.10（2025.1 重印）

ISBN 978 - 7 - 5208 - 0928 - 3

Ⅰ．①幽… Ⅱ．①冠… Ⅲ．①幽默（美学）- 口才学 -
通俗读物 Ⅳ．①H019 - 49

中国版本图书馆 CIP 数据核字（2019）第 222759 号

责任编辑：朱丽丽

中国商业出版社出版发行

（www. zgsycb. com　100053　北京广安门内报国寺 1 号）

总编室：010 - 63180647　编辑室：010 - 63033100

发行部：010 - 83120835/8286

新华书店经销

三河市刚利印务有限公司印刷

*

880 毫米 ×1230 毫米　32 开　6 印张　120 千字

2019 年 10 月第 1 版　　2025 年 1 月第 2 次印刷

定价：32.00 元

* * * *

（如有印装质量问题可更换）

幽默是一门高超的语言艺术，它既是人际关系的润滑剂，又是社交场合气氛的催化剂，还是亲密关系的黏合剂。

很多人认识不到幽默的作用，认为幽默就是耍贫嘴、开玩笑，难登大雅之堂。实际上，初次相识的人在交流的过程中，通过轻松的聊天，谈论一些简单的事情，可以先熟络起来。幽默在这里是一剂引子，让人们在进入正题之前，先彼此有个了解。而当谈话遇到障碍，谈不下去时，与其冷场或者僵持下去，不如用幽默来化解尴尬的气氛，把话题暂时引开，让谈话进行下去。

还有的人认为幽默不严肃，难堪大用，这就小看了幽默在语言表达中的地位。古今中外很多政治家、社会名流都以幽默口才独领风骚。不要认为做大事的人都不苟言笑，其实他们更懂得幽默的诀窍。

我们之所以认为幽默是一门艺术，首先是因为它具有普适性。世界各国、各民族、各种族之间的文化互有差异，但是笑是人们共有的，让人发笑的内涵意义也是一致的。跨文化之间的幽默可能存在理解障碍，但是学习在什么时候运用幽默，再在各种场合进行实践总不会错。其次是因为幽默雅俗共赏。而如何将这门艺术运用得当，其中还有不少学问。

幽默用好了，传到听的人耳中就是一种享受，让谈话变得妙趣横生；幽默用错了，就变成了小聪明，听在别人耳朵里就显得刺耳，让谈话双方生出不少误会。所以幽默要用对时间、场合，其中尤为重要的是你使用幽默时的态度。

　　幽默的诀窍有很多，造成的影响也有着天壤之别。本书就是从幽默口才入手，结合大量的真实案例、名人故事，将其中的道理娓娓道来。书中总结了面对不同谈话人、不同场合、不同人际关系该如何正确地运用幽默，为您详细解读了幽默的密码，提取了精妙幽默的智慧，助您提升幽默情商，在社交场上游刃有余，收获关注和青睐。

目录
Contents

第一章
魅力展示：幽默口才艺术是难得的优雅

幽默是智慧的体现

一位智者说："智慧是幽默的父亲，乐观是幽默的母亲，幽默是智慧与乐观结合后生的儿子。"在现实生活中，人们承受的生存压力越来越大，虽然生活上富足了，但我们所能感受到的快乐却越来越少。当然，这并不是因为我们减少了对快乐的追求，而是当我们对快乐越是渴求的时候，它却消失得不见踪影。这个世界需要幽默，这会让我们活得更开心一些，幽默不仅仅让人拥有逗人笑的本事，它所彰显出来的更是一种智慧。幽默的人往往思路敏捷、反应迅速，就算在复杂的环境里，他们也能妙语惊人，最后化险为夷。

有一天，拿破仑在野外打猎，忽然听到远处有人呼救，他循声走去，看见一个人落水了，正在大声呼救。于是拿破仑毫不犹豫地举起枪，大声叫道："喂！听好！你要是不爬上来，我就开枪打死你。"那个人听了，顿时忘记了落水的危险，马上使出全力向岸边游去。他上岸后的第一句话就是："你不救我也就算了，为什么还要开枪打死我？"拿破仑从容不迫地回答说："假如刚才我不吓唬你，你就不会奋力游上岸，又怎么能脱险呢？"

有时候，幽默中所彰显的睿智并不仅仅体现在能言善道中，而是传递了一种积极乐观的生活态度，只要我们掌握了幽默的智慧，就会感受到其中的快乐。在上述案例中，我们应该佩服拿破仑的幽默，在那个危急的时刻，他急中生智想出了救人的最好办法，他当然知道，当一个人在遭受逼迫的时候，所爆发出来的潜能是惊人的。

1944 年 3 月 25 日，富兰克林·罗斯福第四次当选美国总统。《先锋论坛》报的一位记者采访他，就他连任总统之事问他有何感想。罗斯福笑而不答，请记者吃一个三明治。记者觉得这是一种殊荣，很快就吃下去了。罗斯福请他再吃一个，记者觉得这是总统的恩赐，也就把它吃了。罗斯福又请他吃第三个，记者受宠若惊，虽然肚子已不需要了，但他还是硬着头皮吃下去了。罗斯福微笑着说："现在已经不用回答您的提问了，因为您已经有了亲身的感受了。"

在这个案例中，仅仅一句简单的话以及有意味的行为，就可以看出幽默是一种智慧的体现。可以看出，罗斯福的学识是广博的，一个人有广博的知识，深邃的见识，才能谈资丰富，妙语连珠。试想，假如面对记者的提问，罗斯福只是直接地回答他，那么根本无法产生幽默效果，而他让记者接连吃了个三明治，通过这种方式让记者体会到自己连任总统的感觉，这样一来，幽默感就产生了。

在第二次世界大战期间，许多美国士兵离乡背井，投入欧洲战场，只能借书信聊解思乡之情。有位美国士兵接到家乡女友的来信，欣喜地拆开展读后，脸上的笑容顿时僵住了。原来他日思夜念的女友在信中提到，她已经另有了新的男朋友，想借这封信结束彼此的来往，并请他将以前寄给他的相片寄还给她，以免日后徒生困扰。这位美国士兵恼怒了几天，心情终于平定下来，他立即向随军护士及女性军官索取相片。他将索取的 10 余张相片全部寄回给女友，并附了一张短笺："这些都是我女友的相片，我忘了哪张是你的。请自行选取出你的相片，其余寄回。"

原来，幽默不仅仅是一种头脑的智慧，更是一种生活的智慧，这样的智慧可以让人忘记仇恨。有人曾说："幸福就是健康加上坏记性。"在现实生活中，我们每天都可能遇到一些不顺心的事情，假如把每件事都记在心里，那会累坏自己。而幽默，会让我们有一颗宽容、豁达的心。在上面这个案例中，面对女朋友的背叛，美国士兵选择了报复的方式，只是在其中增加了一些幽默成分，这会让他那已经变心的女朋友产生啼笑皆非的反应。也或者，在他收集那些照片的过程中，已经结识了不错的新的女性朋友，这也算是一件好事。

本杰明·富兰克林曾经积极地参与了《独立宣言》的起草，为了争取黑人解放发表过演说，为建立美国的民主制度进行斗争。当时，他在指责一项只有有钱人才有资格当选为议员的法律时说："要想当上议员，就得有 30 美元。这么说吧，我有一头驴价值 30 美元，那么我就可以被选为议员了。一年以后，我的驴死了，我这个议员就不能当下去了。请问究竟谁是议员？是我，还是驴呢？"

在这个案例中，本杰明最后所列举的比喻是很恰当的，有效地达到了讽刺的效果。假如驴也可以当选议员，那么这个世界会变成什么样呢？通过自己的假设，所得出的结果是荒唐的，以此取得了喜剧的效果。实际上，真正的幽默，是机智百变、妙趣横生，让人在嬉笑之余忍不住揣摩其中的含义，然后有一种茅塞顿开的感觉。

幽默的人彰显自信

幽默的人总是自信的，一个自卑的人是无法幽默的。因为在幽默的表达方式中，自嘲是幽默的最高境界，敢拿自己开玩笑的人绝对是自信的，所以我们说幽默是一种难得的自信。当我们评价一个人说他"这个人很幽默"时，可以认为是对这个人很高的赞赏，因为这不仅可以看出他个性随和、可亲，还体现了他的智慧、自信。比如，一位出版社的编辑，当别人嘲笑他聪明绝顶时，这个编辑居然指着自己的光头笑着说："不，早就绝顶了。"试想，假如他没有相当的自信，怎么可能用别人的话来嘲笑自己呢？而假如他是一个自卑的人，听到别人的嘲讽早就翻脸了。大量事实证明，越是自信的人，越富有幽默感；越是自卑的人，就越难以容忍幽默的存在。那些不懂得幽默的人，是因为色厉内荏的自卑。

自信的人即便别人骂自己，他也会觉得没事，就好像衣服上沾了灰尘，随手抖抖就没事了。因为他知道，不管别人怎么说，自己永远是自己，自己身上的能力与才气不会因为别人的几句话而消失不见，这样的人是自信的。当然，因为自信铸就了他们的幽默。

林肯的夫人脾气暴躁，喜欢破口骂人。有一天，一个十二三岁送报的小孩，因为送报太迟了，遭到林肯夫人的百般辱骂。小孩去向报馆老板哭诉，说她不该骂人过甚，以后他不想去那家送报了。这是一个小城，老板在见到林肯时向他提起这件小事。

林肯说："算了吧！我都忍受她 10 多年了，这个小孩才偶然挨一次骂，算什么？"这便是林肯的自我解嘲。

幽默的人是自信的，因此他们常常成为交际中的焦点。在日常交际中，一个有自信的人，在交际场合中不会感到胆怯，而且在别人的打击下还能保持镇定的态度，这些都是幽默的前提条件。当然，一个幽默的人肯定是一个自信的人，而一个自信的人却不一定是一个幽默的人，那是因为虽然自信是幽默的要素之一，但幽默并非自信的要素。

有一次，普希金宴请客人，在座的一位客人对他说："亲爱的普希金，一望可知你的腰包装得满满的。"普希金十分幽默地回答说："自然我会比你阔气些，你有时候闹穷，必须等家里寄钱给你，而我却有永久的进款，是从那 32 个俄文字母上来的。"

又如，爱迪生的儿子在竞选州长时，不想利用父亲的声誉来抬高自己。因此，他在做自我介绍时这样说："我不想让人认为我是在利用爱迪生的名望，我宁愿让你们知道，我只不过是我父亲早期实验的结果之一。"

对于具备幽默细胞的人，生活随处都是幽默，自信的他们总是能将那些幽默的元素信手拈来，不矫揉造作。就好像爱迪生的儿子可以大声说："我只不过是我父亲早期实验的结果之一。"这句话是事实，其中却透露着自信，他不介意这样说自己，那是源于他内心无比的自信。

虽然，自信的人并不一定是幽默的，但假如你想成为一个幽默的人，假设你现在还很自卑，还很胆小，那就先学会增强自己的自信心。只有当你有了足够的自信，才有勇气拿自己开玩笑，才会展现出幽默的效果来。当然，在这个过程中，我们还需要凑足所有的幽默要素，诸如乐观、积极、敏锐的观察力和思考力，等等，这样才能真正地成为幽默达人。

人生的优雅离不开幽默

在生活中，我们都知道那些心情不好、情绪很差的人，绝对是笑不起来的，因为他们心里总是充满烦恼。那些心里充满质疑的人，他们的话里肯定感受不到春天的气息，因为他们句句带刺。那些整天闷闷不乐、牵肠挂肚的人，他们的话里像是充满着永远化不开的浓雾。而只有那些有着优雅人生态度的人才会笑口常开，只有心怀坦荡的人才会口出妙语，他们的话里总是带着含蓄的爱，话未出而意先到，还带有对自己不失尊严的戏谑。

一群艺术家聚会，先是炫耀各自最近获得了多少版税、有多少约稿应付不过来，再谈到京城房价之高，并不失时机地表露出自己的房子有多大。这时，有人看到一位诗人一言不发，便问诗人住在哪里？

诗人回答："我没有家。"其中一位艺术家感叹说："唉，当今诗坛不景气，诗卖不到几文钱，成家很难啊！"另一位艺术家又感叹道："诗人太浪漫了，到处去找灵感，怎么能有'家'呢？"诗人回答："在座各位都是小说家、音乐家、书法家，当然有家，没有人称呼诗人为'诗家'，所以诗人没有家是正常的。"

那些到处炫耀的人内心是无比虚荣的，他们最希望听到的是别人多么羡慕自己的生活。生活富足的他们常常自以为是，他们总是喜欢吹嘘自己有多成功，家里的房子有多大，平时用的是什么国际牌子，开的车是进口的。他们在吹嘘自己的同时，还会假装对那些生活不怎么样的被他们归为不成功的一类人"嘘寒问暖"，假惺惺地为他们寻找一大堆客观理由，其实他们心里已经在偷笑了："我就是比你成功，像你这样落魄的人怎么可能成功呢？"在这个案例中，正是出现了那些喜欢炫耀的人，当他们知道诗人没有家的时候，便会假装安慰，其实他们想听到诗人在承认自己确实失败的同时，对那些有钱人产生敬佩。然而，最终他们的愿望落空了，因为诗人没有家的理由是出人意料的，因为"诗人"这种称谓里没有"家"。在这个充斥着铜臭味的社会里，许多人快承受不住了，他们早已失去了最初的宁静，面对各种诱惑，他们已经无法优雅了，而唯有诗人，他还以独有的幽默行走于世间。

一个美国人问一个中国人："你对美国人的观感怎样？"

中国人说："我觉得你们美国人好有趣哦！"美国人诧异地问："怎么了？"

中国人说："你们先放一块糖在杯子里，让它喝起来甜，然后又放一片柠檬让它喝起来酸；你们还会倒些酒在杯子里，让它喝起来暖，再加几块冰块在里面，让它喝起来凉；最有趣的是你们举起杯子对客人说：'来，这杯敬你！'但却将它倒入自己的口中，这样来看，你们美国人真是有趣极了！"

从这个案例中，我们不难发现，不同文化、不同国家的人的性格存在着差异，同时也存在着趣味性的落差。不过，西方人确实比东方人幽默风趣。在几千年的传统文化中，中国人的幽默细胞都被牢牢地束缚了，无法放开。在现实生活中，我们需要严肃一点，认真地对待生活，即便生活再难，我们也要咬牙坚持。但是，在严肃的同时我们还可以风趣，在备受生存重压的同时还可以活得优雅，这才是人生中的大境界。

美国前总统安德鲁·杰克逊曾经同本顿决斗过，本顿一枪击中了杰克逊的左臂，子弹一直留在里面近20年。

到医生取出子弹的时候，本顿已经成了杰克逊热情的支持者。杰克逊想将子弹归还给本顿，但本顿谢绝接受。说20年的保管期，已使产权发生了转移，子弹的所有权当属杰克逊了。而杰克逊说自从上次决斗到现在只有19年，产权关系没有发生变化。本顿回答说："鉴于你对子弹的特别照管——始终随身携带——我可以放弃这一年。"

富于幽默的人内心是无比透明的，因为性格开朗，所以活得优雅。在交际中，假如我们仔细去揣摩别人生活中的幽默，那我们可以在自嘲或天真的话语中感受到幽默者敦厚的天性以及超群的智慧。幽默的人是优雅的，这是人生最好的姿态。正如亚里士多德曾说："幽默发现正面人物在个别缺点掩饰下的真正本质。我们正是这样不断地克服缺点，发展优点，这也就是幽默对人的肯定的力量之所在。"

有小偷半夜去穷困潦倒的作家巴尔扎克家里偷东西，巴尔扎克被惊醒之后，对忙着到处找钱的小偷说："别浪费精力找钱了，我白天都找不到，你在晚上也更找不到了。"在这里，幽默所展现的就是一种优雅，一种胸怀宽阔的优雅。幽默的人并非超脱世外，而是具有积极豁达的人生观念，这样的人将以一种优雅的姿态活着。那些不具备幽默感的人是无法做到优雅的，他们更不会积极乐观地看待自己的生活。当我们学会乐观地看待自己的生活，那优雅的幽默就自然而生了。能成为一个优雅的幽默家，主要在于三个方面：一是平等的待人态度，从来不自认为高人一等，保持一颗平常心，学会尊重他人；二是有宽广的胸襟，虚怀若谷，闻过则喜；三是能够仁厚待人，容人之过。

幽默是不可或缺的领导者能力之一

幽默，可以说是一种领导力。在很多时候，幽默不仅能给下属带来快乐和欢笑，还能够有效地提升领导者的威望。比如，在面对记者犀利的提问时，领导者机智而幽默的回答，不仅表现出了领导者的聪明才智，也为自己赢得了荣誉。在美国内战时期，官兵们误认为敌人的兵力是自己的3倍，顿时士气低落，当问到敌方有多少兵力时，林肯毫不犹豫地说："120万。"接着，他解释说，"每当我们的将领打败仗时，总认为敌人是我们3~4倍的兵力，现在我们的兵力是40万，那么，如此以3倍计算，不就是120万了吗？"在这里，林肯委婉地批评了军官们盲目地埋怨和恐慌的情绪，以幽默的方式坚定了士兵们的信念，鼓舞了士气，使军官们消除了心中疑虑，重新振作起精神。

有一位年轻人刚刚当上了董事长，上任第一天，他便召集公司职员开会。他自我介绍说："我是麦克，是你们的董事长。"然后打趣道，"我生来就是个领导人物，因为我是公司前董事长的儿子。"参加会议的人都笑了，他自己也笑了起来。

在美国历史上有许多重要的人物，比如林肯、罗斯福、威尔逊等，他们都是幽默感十足的人。或许，我们无法准确地说出这些重要的人物是以什么样的理由被永久地刻在史册上的，但我们却清楚地明白，幽默绝对可以说是理由之一。因为幽默感，会快速地提升一个人的领导力。在上面这个案例中，麦克用幽默来证明他能以公正的态度看待自己的地位，并对此有充满人情味的理解。实际上他委婉地表示了：正因为如此，我更要跟你们一起好好干，让你们改变对我的看法。领导者们当然会明白幽默的价值就是让人开心，从而赢得他人的好感，可以说幽默已经成了他们的领导力之一。

有一天，威尔逊为了推行其政策，在一个广场上举行公开演说。当时广场上聚集了数千人，突然从听众中扔来一个鸡蛋，正好打中他的脸。安保人员马上下去搜寻闹事者，结果发现扔鸡蛋的是一个小孩。威尔逊得知后，先指示员工放走小孩，后来又马上叫住小孩，并当众叫助手记下小孩的名字、家里的电话和地址。

台下听众猜想，威尔逊是不是要处罚小孩子，于是开始骚乱起来。这时威尔逊要求会场安静，并对大家说："我的人生哲学是要在对方的错误中，去发现我的责任。方才那位小朋友用鸡蛋打我，这种行为是很不礼貌的。虽然他的行为不对，但是身为首相，我有责任为国家储备人才。那位小朋友从下面那么远的地方，能够将鸡蛋扔得这么准，证明他是一个很好的人才，所以我要将他的名字记下来，以便让体育大臣注意栽培他，使其将来成为我国的棒球选手，为国效力。"威尔逊的一席话，把听众都说乐了，演说的氛围也变得更加融洽。

看到故事的结尾，我们会说什么呢？或许有人会说，威尔逊根本就是小题大做。不论怎样，风趣的威尔逊不仅善于从孩子的过错中发现其优点，同时积极地寻找有效的方法。这样做不但让之前的不愉快化解了，而且将一件糟糕的事情变成了一件好事，他在帮助自己摆脱窘境的同时，还提高了自己的领导力。

当上下级之间发生了一些不愉快的事情，领导恰当的幽默可以快速化解矛盾，使人际关系变得融洽而畅通。当然，幽默是一个人智慧的表现，是修养、学识、品格等方面的结晶。一个领导者只有平时善于学习，善于观察，善于积累，不断地充实和丰富自己，才能学会幽默这门艺术。

幽默无形中扩大了自身的影响力

慕容雪村于 2003 年在网络上发表了一篇 1 万多字的长帖，名为《做爱的经济分析》，该帖从经济学的角度分析了男女之间这个感性的问题，虽谈男女之事，但干净得很，行文幽默诙谐，一举成为网络上著名的热帖，使其影响力剧增。虽然，慕容雪村出名了，网络也算是一大功臣，但就目前铺天盖地的网络文学而言，一个文学作品若是没有什么看头，会凭空出名吗？而在其中，幽默诙谐就是最大的看点。当人们忙了一天休息的时候，若是看看诙谐幽默而不用动脑筋的故事，那该是何等的快乐，笑容驱散了一天的疲惫和辛苦。在生活中，一个具有幽默感的人，其幽默的语言和行为会一传十、十传百，比如王朔的冷幽默，是出了名的京腔，那在文学这个行业里就是一块招牌。假如幽默的语言行为中有他的思想、观点，那就会有许多人来传播他的思想、观点，那么他所想表达的信息也就被别人了解了。不管别人接不接受，但影响力确实达到了。

富翁的一个贴身厨子，手艺好得实在没话讲，他为主人烹饪了十几年，却从未得到主人半句诚心的赞美。

这一天，他实在忍不住了，午餐就做了一道"单脚烤鸭"，味道美极了，主人吃得津津有味，但忍不住问厨子："奇怪，这只烤鸭怎么只有一只脚呢？"厨子回答道："我们家养的鸭子都是一只脚的呀，不信的话，您到后院去瞧瞧！"富翁心想哪有这回事？决定到后院一探究竟。

后院养了许多鸭子，中午时分都在休息呢！鸭子休息时，原本都是一只脚站着的，富翁看了呵呵笑着，就拍着手大声吆喝作势驱赶，只见一只只鸭子"呱呱呱"地放下另一只脚来摇头摆尾地跑开，富翁回头对厨子说："哪来的单脚鸭？你看看，下面都是两只脚嘛！"厨子说："原来是一只脚的，不过您给它掌声，它就变成两只脚了！"

或许，构成一个人的影响力的因素是很多的，不过，幽默却是一个不可忽视的因素。在现实生活中，人们的生活形式是固定不变的，或者说在一段时间里是固定不变的，不管你是有一定影响力的人，还是想成为一个有影响力的人，我们都不能否认幽默作为影响力的作用。当我们的生活形态成为一种周而复始的重复，那我们就会厌倦，而对生活形态进行改造的一种行之有效的办法就是培养和发掘自己的幽默感。因为幽默会使枯燥乏味的生活发生变化，会使按部就班的工作变得有趣，从而让人感觉不到沉闷。

第二次世界大战以前，美国国会议员因为军方提出的 B12 轰炸机研制计划而争论不休，支持该项计划的罗斯福总统为了说服议员费了很多口舌，没有达到预想的效果。

眼看这项议案就要流产了，情急之下的罗斯福不再用严密理性的说辞来做工作，他说："说实在的，对于 B12 轰炸机我们都不是特别了解，但我想，B12 是人体不可缺少的维生素，既然现在军方需要 B12 轰炸机，我想对于他们来说一定是不可缺少的。"

结果，这项议案顺利通过，而 B12 轰炸机在后来的第二次世界大战中可谓战功赫赫。

在许多人看来，国会议案上肯定都会说一些严肃的理论，所讲究的是理性、逻辑，他们所列举的绝对是精确的数字，因为只有这样才能为自己的论点提供有力的依据。不过，当我们总是靠事实和道理说话的时候，却还是不起作用，该怎么办呢？就像案例中的罗斯福总统一样，幽默一下，很轻易就改变了许多人的态度。我们不能去追究那些议员最后是如何被说服的，但罗斯福那有趣的比喻在某种程度上缓和了双方阵营的矛盾，这样对立的缓和有助于平和理性地去理解对方的意见和观点，而不至于在盲目的对立中做出错误的决定。

曾经有一位病人因牙疼去看牙医，牙医看了看后说："这颗牙已经完全坏掉了，无法做根治，需要整颗拔掉！"病人问："请问拔一颗牙要多少钱？"牙医回答说："600 元。"病人一听大吃一惊，说："什么？拔一颗牙只需短短几分钟，就要收 600 元！"牙医冷笑道："如果你要慢慢地拔也可以，我可以慢慢地帮你拔，拔到你满意为止。"

交际的目的在于可以成功地赢得他人的好感与信任，这本身就是一种人际影响力。当我们学会了幽默，就会变得受欢迎，甚至会赢得无数的掌声。因为幽默可以消除人与人之间的敌意，它可以营造出一种亲近的人际氛围，而且有助于自己和他人变得轻松，从而消除工作中的疲惫感，于是，无形之中我们就扩大了自己的影响力。渐渐地，我们在别人的眼里，就会变得更容易被人亲近。

幽默可以豁达人生

每个人在精神或者身体上都有过非常难受的感觉，我们称为"痛苦"。痛苦就像抽烟，百害而无一益，所以应该减轻或者消除痛苦。每个人都面临过困境，但是在困境中要有良好的心态方能摆脱。用幽默减轻痛苦、摆脱逆境是不错的选择，当精神上痛苦时，幽默能对症下药，见效很快；当身体上痛苦时，幽默能转移注意力，用精神上的放松缓解身体上的痛苦。无论是面对痛苦或者身处困境，保持幽默都是一种豁达的品格。

美国作家卡森斯担任《星期六评论》杂志的编辑时，因为长期操劳，他患上了一种严重的病，经检查确诊为结合体系并发症。随后他身体虚弱，行动不便，痛苦万状。虽多方求医，但收效甚微，被不少名医诊断为不治之症。后来，卡森斯听从了一位朋友的劝告，在除了药物治疗外，决定采用一种奇特的幽默疗法。他搬离了医院，住进了一家充满欢乐气氛的旅馆。在这里，他常常看一些幽默风趣的喜剧片，和朋友们进行幽默的交谈，听人讲一些幽默段子，使自己整天处于一种轻松欢快、无忧无虑的状态，每天都很开心快乐。卡森斯发现，一部10分钟的喜剧片可以给他两个小时无痛苦的睡眠，他还惊喜地发现，笑可以减轻发炎的症状，而且这种"疗效"可以持续很久。与此同时，他还辅以适当的营养疗法。几个月后，奇迹出现了，卡森斯居然恢复了健康。卡森斯总结了自己战胜病魔的经验，并开出一张"幽默处方"，风趣地为其取名为"卡森斯处方"。其中有这样一些内容："请认清每个人都有内在的康复功能，具有充实内在的康复力。利用幽默制造一种气氛，激发自己和周围其他人的积极情绪。发展感受希望和信仰的信心，并培养强烈的生存意志。"这一处方的核心是用幽默来激发生活的力量、生存的意志、康复的能力，进而增强精力，战胜疾病。

卡森斯由于繁忙的工作而高度紧张，况且他又是精益求精的人，难免在一些事情上追求极致，再加上并不是每次都是非常成功的，这样就会导致他的心情受到影响，同时感到身心疲惫。这种情况下，卡森斯最终患上了结合体系并发症，身体虚弱，行动不便，痛苦万状。但是朋友的"幽默治疗法"让他感受到了充满新鲜空气的生活，幽默让他变得开朗，对生活的态度也变得豁达，这无疑让他卸掉了生活的包袱，轻松地生活，最终他奇迹般地康复了。由此可见，即使生命面临结束也不要悲观，幽默豁达地看待这一切，反而会让生命重新焕发光彩。凡事斤斤计较自然会钻牛角尖，精神难免会抑郁，所以人生需要幽默，需要这种豁达的品格。

心理学家雷蒙德·穆迪在《笑，笑，笑：幽默的疗效》一书中谈到一个悲观和抑郁的病人。

病人是一家饼干厂的工人。某一天，病人来就诊时比往常更加沮丧。那一周，新来的管理员下令增加饼干的产量，这位工人知道包装机的能力难以应付饼干产量的提高。但管理员仍然坚持要多做饼干，因此，工人只好勉强把机器速度开到最大，提心吊胆地注视着机器的运转。只过了几分钟，饼干就开始向四面发射，大量的饼干就像从机关炮里喷涌而出，管理员对着这位工人尖叫，并为这场事故而责备他。这位恪尽职守的工人事先就这个问题已经提醒过他的上司，但现在却受到了非常不公正的打击。上司的谴责还在继续，而饼干却在他们的脚边越堆越多了。穆迪博士开始想象那失去控制的饼干机，他竭力忍住笑声，但嘴角上早已经出现了笑容。当他咬住嘴唇时，他那位异常激动的病人已经看到了他的微笑。使他惊奇的是，病人也开始笑了。突然间，他们两个人同时大笑，那个片刻成了病人疗程中的转折点。这位病人从烦恼的处境中解脱出来后便参加了管理学习班，不久他便调动工作，换了一个愉快的工作环境。

　　饼干厂的工人因为上司的无理要求和无理指责而感到沮丧和抑郁，这些工作上的不公平待遇使他深受打击。所有这些导致这名工人用一种悲观的态度来看待生活，这样的态度使其很难从烦恼的困境中解脱出来。穆迪意外地发笑，瞬间触动了这名工人，工人也笑了起来，就在这个发笑的过程中，工人的许多压抑感都发泄了出来，如释重负，这也使得这一过程成为穆迪治疗这位病人的转折点。穆迪后来在书中写道："退一步看待自己的生活情况，从喜剧的角度，从大处着眼，他认识到这个小小的插曲只不过是和自己开了一场玩笑而已。"

　　幽默可以使人豁达，一个瞬间的大笑，缓解了人们的焦虑情绪，使其豁达地看待这一切，从而找回健康的心态。保持豁达，幽默常在，精神开朗，身体就会健康。

第二章
赢得好感：幽默可以让情感更稳固

幽默可获得他人的好感

幽默的语言通常能给听众带来快乐，在日常交际中，我们可以融入自己的幽默，这样一方面可以调节听者的情绪，另一方面还可以展现自己的语言魅力，不仅如此，幽默还可以使我们受到万众瞩目。或许只是短短的几句话，就可以令人对你刮目相看，印象深刻。试想，在一个大的舞台上，你说几句风趣的话，惹得台下观众笑声连连，掌声、欢呼声不断，这岂不是万众瞩目？在日常交际中，我们都希望自己一出声就可以引得人们的关注，一现身就可以受到大家的喜欢，其实我们是可以做到的，所具备的条件之一就是幽默。假如你能恰当地表达自己的幽默风趣，那你绝对是最受欢迎的人。

在 2000 年 8 月举行的南部非洲发展共同体（简称南共体）首脑会议上，曼德拉一连串妙语连珠的幽默话语征服了上千名与会者。曼德拉作为南非前总统出席了开幕式，主要是为接受南共体授予他的"卡马勋章"而来。他走到讲台前说："这个讲台是为总统们设立的。我这位退休老人今天上台讲话，抢了总统的镜头。我们的总统姆贝基一定很不高兴。"话音刚落，笑声四起。这时，主持人为他搬来一把椅子，请他坐下演讲。他在谢过主持人后说："我今年 82 岁，站着讲话不会双手颤抖得无法捧读讲稿，等到我百岁讲话时你再给我把椅子搬来。"会场上又是一阵笑声。曼德拉在笑声过后开始正式发言。

讲到一半，他把讲稿的页次弄乱了，不得不来回翻看。他脱口而出："我把讲稿页次弄乱了，你们要原谅一位老人。不过，我知道在座的一位总统，在一次发言时也把讲稿页次弄乱了，而他自己却不知道，照样往下念。"这时，整个会场哄堂大笑。

"其实，讲稿不是我弄乱的，秘书是不应该犯这样一个错误的。"结束讲话前，他说，"感谢你们用一位博茨瓦纳老人名字命名的勋章授予我这位老人。我现在退休在家，如果哪一天没钱花了，我就把这个勋章拿到大街上去卖。我肯定在座的一个人会出高价收购的，他就是我们的总统姆贝基。"这时，姆贝基情不自禁地笑出声来，连连鼓掌，会场里掌声雷动。

曼德拉幽默的语言调动了人们的情绪，在那种场合都是极为严肃的，所以在场的人们也不会过多地关注某个人。但是幽默的语言可以给大家带来欢乐，也可以调动他们倾听的积极性。在这个故事中，曼德拉就是台上那个受万众瞩目的人，自然也是最受欢迎的人。

有个人才30多岁，可是却一根头发也没有了。

一天，他来到一家生发水专卖店，让营业员给他推荐一款生发水。

营业员拿出一瓶生发水，对他说："这是我们刚到的新货，一天卖好几瓶呢！"

他拿过来，边看边问道："使用效果怎么样？"

营业员说："这样跟你说吧！前几天，有个妇女来买生发水，我给她推荐了这款。她没法打开瓶盖，就用嘴咬，生发水的液体不小心沾到了嘴上。三天过后，你猜怎么着？她居然长出了胡子。"

营业员显然夸大了事实，但是却收到了宣传产品的效果，可见她的聪明和幽默。夸张是为了强调事物的某种特征而故意言过其实，或者夸大事实，或缩小事实，让听者对所表达的内容有一个更深刻的认识和理解。

心理学家凯瑟说："如果你能使一个人对你有好感，那么，也就可能使你周围的每一个人，甚至是全世界的人，都对你有好感。只要你不是到处和人握手，而是以你的友善、机智、风趣去传播你的信息，那么空间距离就会消失。"在现代社会，社交已经具有越来越重要的作用，人与人之间的互相交往，成功的社交就是彼此喜欢，彼此信任，愿意相互帮助、相互支持。虽然，要想赢得社交成功的方法有很多，不过，幽默的作用却是其他任何方法都无法取代的。幽默，可以让你成为当之无愧的万人迷。

幽默能消除陌生感

谈吐幽默的人,有着睿智的大脑,说出来的话让人感到轻松亲切,有着真诚的笑容,从而很容易地使对方在轻松的气氛中去接受你所要表达的思想。因此可以说,幽默的人更容易亲近。幽默风趣的话语重点不在于形式,而是用生动活泼的话来进行表达和交流,能够让人在轻松的环境中倾听和接受。即使在遇到分歧比较大的问题的时候也能够因为幽默的语言而让压力减少一些,使人们能够在欢笑声中努力地寻找出共同点。

某大学中文系举办一次讲座,请一位著名老教授谈治学的方法。讲座开始前,主持人用赞誉之词把教授介绍了一番,然后说:"下面我们用热烈的掌声欢迎王教授谈治学经验。"老教授走上讲台,马上更正说:"我不是谈治学,而是谈'自学'。"老教授说完,台下响起一片掌声。

"治学"本就是对教授的褒奖,因为只有成就卓著的人才有能力对大学生大谈"治学经验",而老教授只用了一句"我不是谈治学,而是谈'自学'"就赢得了一片掌声,引发了大学生们的敬佩之情。足以见得,幽默的语言多是令人惊叹的语言。

19世纪,在奥地利的维也纳,妇女们喜欢戴一种高高耸起的帽子。她们进剧场看戏也不愿将帽子摘下,以致后排的观众被挡住了视线。这些后排的观众纷纷去找剧场经理提意见,于是经理上台请在座的女观众将帽子摘下来,然而说了半天妇女们也不予以理睬。最后经理又补充了一句:"那么,这样吧,年纪大一点的女士可以照顾,不必脱帽。"此话一出,全剧场的女士齐刷刷地把帽子摘了下来。

剧场经理幽默地说"年纪大一点的女士可以照顾,不必脱帽",暗示出"如果你觉得自己年纪比较大,那就不用摘帽子"的意思,使得妇女们纷纷脱下了自己的帽子,因为谁也不想承认自己年纪大。

试想，若剧场经理直接说"你们把帽子摘下来"，那就会得罪这些贵妇人。但剧场经理如此幽默一说，就显得很诙谐，他的话也更容易被接受，自然也更容易亲近了。

有一次，90多岁的民谣学家钟敬文和朋友们一起参加一个宴会。酒菜上来之后，他站起来说："你们吃吧，我是个无'齿'之徒，对付不了这些东西。"大家听后，都发出了善意的笑声，随后少了一些拘谨，多了一些随意。过了一会儿，老先生特地要了一份汤面，他自嘲道："我是欺软怕硬，你们千万别学我啊！"老先生说的这句话既对自己"搞特殊"做了一个比较好的解释，同时又避免了给别人带来的不便，打破了窘迫尴尬的局面，从而让整个宴会充满了和谐的气氛。

或许，在宴会中，许多人对这样一位年事已高的老人多少有一点敬畏，少一份亲近。而老人如此幽默表达，让自己变得和蔼可亲，一时之间，这个风趣的老头与大家的心理距离被拉近了。

在生活中，我们都愿意和谈吐幽默的人打交道。因为幽默的人会给人一种很自然的亲切感，他们的语言能够给我们带来欢乐和美的享受。一个具有幽默感的人，也是一个有风度、有素养、有魅力的人。要想给别人留下深刻的印象，仅仅依靠学识和修养远远不够，幽默风趣也是不可缺少的重要组成部分。一句幽默的话能够快速消除人与人之间的陌生感，可以很快给对方留下好印象。

谈吐风趣为人格魅力加分

幽默是思维敏捷的一种标志，也是才华和见识的重要象征。一个具有幽默感的人，他的身上会散发迷人的魅力，这种魅力是别人很难达到的。一个谈吐幽默的人，也会因为谈吐风趣而在社交场合如鱼得水、游刃有余，受到别人的欢迎。在日常交际中，我们不妨多尝试一下幽默的谈吐方式，它不仅可以弥补一个人口才上的不足，还能够成为与别人有效沟通的助推器，从而帮助一个人在社交场合提升个人魅力，建立融洽的人际关系。

有一位刚刚大学毕业的小伙子来到一家大型民营企业工作，他在很短的时间内，就熟悉了各种工作流程，取得了可喜的工作成绩。老板对这位聪明能干的小伙子十分赏识，于是欣慰地对他说："小伙子，好好干，我是不会亏待你的。"

按照别人的思维，对这种场面话大多默不作声。不过这个小伙子却不这样认为，他觉得这是一次不可多得的机遇，应该将这种听多了的场面话当成老板对自己的承诺。于是，他轻松地一笑，对老板说："我想您一定会把这句话放到我的口袋里的。"老板一听，觉得这个小伙子非常有个性，于是开怀大笑起来，爽快地应答："放心吧，一定会给你放到口袋里去的。"不久之后，他就获得了一个大大的红包和加薪的奖励。

这位年轻的小伙子是很聪明的，一句幽默的话就加深了他在老板心目中的印象，同时也给自己的工作带来了丰厚的回报。如果在老板对他进行鼓励的时候，他只是表现出一副诚惶诚恐的表情，说些场面上的话，恐怕就不会在较短的时间内获得加薪的物质奖励。

当年，冯玉祥将军想通过报纸来寻找自己的人生伴侣。此消息一传出，很多名门闺秀、小家碧玉以及时髦女郎纷纷前来"面试"。冯玉祥将军问她们："你为什么要选择嫁给我呢？"

有人回答说："因为您是个大英雄，我爱慕英雄！"还有人回答说："因为您是大官儿，和您结婚就是官太太。"冯玉祥对她们的回答都不满意。毕竟，他不太喜欢这些只看重他的地位和权势的女人。

就在这时李德全出现了，她的回答让冯玉祥感到很意外："上帝怕你做坏事，所以就派我来监督你。"冯玉祥被这句机智俏皮的话征服了。于是两个人很快结下了百年之好。

"上帝怕你做坏事，所以就派我来监督你。"这句话不仅表现了李德全的胆识和魄力，更显示了她的机智和幽默。在众多应聘的佳丽当中，李德全未必是最优秀的，但是她那幽默的谈吐为自己的形象增色不少，让冯玉祥将军感到眼前一亮，顿时对她产生了别样感觉。

在现代交际生活中，幽默起着润滑剂的作用。一个谈吐幽默的人不仅能够在交际场合中如鱼得水，游刃有余，更能提高自己的魅力，获得超强的人气，无论走到哪里，都备受欢迎。

人生正是有了幽默的存在，才有了无穷的乐趣。因此，学会和善于运用幽默，就能够增加自己的人格魅力，从而达到拓展交际圈子的目的。谈吐幽默的人无论走到哪里，都能给别人带来轻松和笑声，更给自己带来喜悦和成功。

风趣幽默可以拉近彼此的距离

游走在社交场合的我们虽然名片越来越多，但无话不谈的真正朋友却很少，似乎大多数朋友都是场面上的。与人见面，无非就是"您好""再见"，除此之外，似乎再也没有什么话可说了。对于交际场合中的朋友，即使打了招呼说"您好"，还需要巧妙周旋几句才能说"再见"。许多善于运用幽默的社交高手，风趣寒暄几句，就拉近了彼此的心理距离。等到再次见面的时候，曾经场面上的朋友已经成了很好的朋友。在生活中，客套的"场面话"是不可或缺的，它犹如黏合剂，拉近了人与人之间的心灵距离。一旦缺少了适时的场面话就使整个交谈尴尬窘迫，甚至不知道接下来该说些什么。特别是对于那种还比较陌生的朋友，适时的场面话更是不可缺少。所以，在日常交际中，我们需要适时风趣寒暄几句，给人留下深刻的印象。

新年就快到了，公司为了庆祝新年，特地举办了一次鸡尾酒会。销售部最年轻的经理小王也参加了，在跟不同的客户寒暄了几句之后，小王就躲进了角落里喝橙汁，他不太擅长说场面话，所以自己躲起来图个清静。没想到，一个商人模样的老外却走过来打招呼，小王赶紧放下冰橙汁，与他握手。那位老外笑着说："为什么你的手冷冰冰的呀？"小王忙解释，并朝那杯冰橙汁指了指，老外马上摇头："不不不，你只需要说'但我的心是热的'就行了。"小王窘迫地笑了。

也许，老外并不关心小王的手为什么是冰冷的，而小王也没有必要解释为什么自己的手是冰冷的。当两个陌生人见面时，他们所需要的只不过是风趣地寒暄几句，这样可以在有限的时间内给人留下深刻的印象。一般情况下，那些诙谐幽默的场面话，定会给对方留下深刻的印象，无形之中就拉近了彼此的心理距离。

雪后初晴的一天，作家盖达尔正在公园里兴致勃勃地堆雪人。忽然，在他身后响起了"咯吱咯吱"的踏步声，他回头一看，一位年轻姑娘正向他走来。姑娘彬彬有礼地向他伸出右手说："我认识您，您是作家盖达尔，我读过您的全部著作。"盖达尔听后微笑着幽默地说了一句："我也认识你，你或许是七年级或十年级的学生，我也读过你全部的书，代数、物理、三角。"这时候，姑娘笑着做了自我介绍，从此，他们便成了好朋友。

在日常交往中，寒暄的目的就是结识朋友，同时也能够增进彼此的感情。我们所说的话，表达了自己的情绪和情感，我们所要传递给对方的信息全在这些话里，因此，一定要为话语增加幽默的元素，风趣的话，往往能起到意想不到的作用。

含蓄幽默的表达颇具感染力

古人云："言有尽而意无穷，余意尽在不言中。"在日常交往中，我们把那些重要的、该说的部分故意隐藏起来，或者故意说得不明显，却让对方明白自己所表达的思想感情，在表达的同时又融入了幽默的元素，这就是含蓄幽默的表达方式。说话含蓄幽默，不仅是一种语言表达艺术，而且是一种语言艺术，它直接体现了人们驾驭语言的高明技巧，这样的表达会让人感受到你的个人魅力。在日常生活中，有许多话语不便直说，或者不必直说，这时候就需要借助含蓄幽默的表达方式，比如批评的时候。直言直语的批评，相信没有谁愿意接受，若是遇到心眼较小的人，他有可能会因为生气而为难你，那么，含蓄幽默的表达方式，既表达了自己的建议，又使对方愉快地接受。

传说汉武帝晚年时很希望自己长生不老。一天，他对东方朔说："相书上说，一个人鼻子下面的人中越长，命就越长；人中长一寸，能活百岁。不知是真是假?"东方朔听后，知道皇上又在做长生不老梦了，皇上见东方朔似有讥讽之意，便面有不悦之色，喝道："你怎么敢笑话我?"东方朔脱下帽子，恭恭敬敬地回答："我怎么敢笑话皇上呢? 我是在笑彭祖的脸太难看了。"汉武帝问："你为什么笑彭祖呢?"东方朔说："据说彭祖活了八百岁，如果真像皇上刚才所说的，人中就得有八寸长，那么，他的脸不是有丈把长吧!"汉武帝听了，顿时哈哈大笑起来。

东方朔这样含蓄幽默地表达自己的意思，令汉武帝愉快地接受了，最终没有为难他。有时候，我们需要向对方表达一些不好的意思，比如请求、批评等，这些话不容易说出口，而且，一旦说得不好，不仅会得罪人，还会为自己招惹麻烦。这时候我们可以灵活运用语言的多样化特点，这样的语言表达即使被斤斤计较的人听见了，他也不会为难我们的。

有一位商人见到诗人海涅，对他说："我最近去了塔希提岛，你知道在岛上最能引起我注意的是什么吗?"海涅说："你说吧，是什么?"商人说："在那个岛上呀，既没有犹太人，也没有驴子!"原来海涅是犹太人，他马上回答说："那好办，要是我们一起去塔希提岛，就可以弥补这个缺陷了。"

本来把"犹太人"与"驴子"相提并论，暗骂"犹太人与驴子一样，无法到达那个岛"，海涅却以其人之道还治其人之身，回答时含蓄幽默，暗示商人是个驴子，使商人自讨没趣，同时也展现了自我风采。

美国传奇式篮球教练佩迈尔所带领的迪尔大学篮球队曾获得39次国内比赛的冠军，使球迷们为之倾倒。可是有一年，他的球队在蝉联29次冠军后，遭到一次空前的惨败。比赛一结束，记者们蜂拥而上，把他围个水泄不通，问他这位败军之主此时此刻有何感想。他微笑着，不无幽默地说："好极了，现在我们可以轻装上阵，全力以赴地去争夺冠军，背上再也没有冠军的包袱了。"听了这话，记者们纷纷竖起了大拇指。

也许，作为公众媒体的记者想从中挖掘到一些失败的"信息"，但佩迈尔幽默含蓄的表达方式改变了他在记者心中的形象，使记者感觉他并不是一个失败者，而是一个绝对的胜利者。

在日常交际中，需要含蓄委婉的交谈。假如自己有一种想表达的欲望，但又难以启齿，不妨使用含蓄幽默这种巧妙而富有艺术的表达方式，它比口若悬河更能达到预期的目的。

第三章

舒适沟通：营造良好的气氛离不开幽默

幽默可以改善紧张的交际氛围

幽默是人际关系的润滑剂，幽默可以使激化的矛盾变得缓和，从而避免出现令人难堪的场面，化解对方的敌意情绪，从而使问题得到更好的解决。在日常交际中，当交流的双方因一个问题争执起来，或者彼此沉默不语的时候，那就表示气氛变得紧张了。这时若不加以制止，就有可能剑拔弩张，甚至使关系更加恶劣。此时，我们就需要请"幽默大师"出场了。在紧张的气氛中，幽默可以说是最好的催化剂了，开几句玩笑，讲一个诙谐的笑话，都可以令紧张的气氛缓解，重新恢复愉快的交际氛围。

有一次，大连星海湾国际会议展览中心举行"大干50天，确保11月底封顶"的誓师大会，仪式正在进行，坐在主席台上的星海湾总指挥老宋的座椅突然不稳，从座椅上摔了下来，现状很窘。大连某市长说："今天的誓师大会开得很好，大家决心都很大，摩拳擦掌，准备大干一场。你们看，你们的宋总指挥已经坐不住了。望大家团结一致，50天确保封顶。"大伙儿都为这位市长随机应变、妙语解困，并顺势鼓舞士气的机智而喝彩。

这一语双关，既化解了尴尬，又使话语含蓄、幽默，富于风趣，还能加深语意，引人思考，给人以深刻的印象。

一位青年来到编辑部，递上自己的作品要求发表。编辑看了他的作品后问："是你自己写的小说吗?"

青年人回答："是我自己写的，我构思了几个月，整整写了三天，才把它完成。"编辑站起来与他握手："啊！伟大的契诃夫先生，您什么时候复活了啊?"青年脸一红，拿起作品稿不好意思地走了。

他的文章是抄袭契诃夫的，但编辑没有直接指出，而是以契诃夫复活了这种荒诞的感慨让青年自己知道作品不应发表。语藏机关，一件尴尬的事竟然说得如此风趣，瞬间那紧张的气氛就被化解了。

在外交场合中，最令人不安的是紧张的气氛，因为这会关系到国家的利益。但是，只要我们善用幽默，就可以轻松地化解紧张的气氛，使双方都展露笑颜，所谈论的话题也会有一个好的走向。

有时候，我们会使用同一个词语或同一句话，但是，在同一个语言环境中却有两层意思。由于中华语言的多义性，这使得说话含义不单单表现在某个词语或一句话的字面意义上，而隐含在这个词语或这句话背后的含义才是真正的表达意图。这对于提升语言的艺术色彩有着非常重要的作用，它既可以使讲话简单明了，又含蓄自然、幽默风趣。

风趣幽默的语言使交流更加顺利

风趣的语言通常会营造出一种轻松愉快的氛围，同时还可以帮助我们驱除沟通中的疲劳感。在日常交际中，当我们参加宴会的时间稍长，就会感到精神疲惫，比如在一些比较庄重、严肃的场合，或者等待某一些重大结果的时候，人们往往是疲惫的，我们就可以通过幽默的语言，让疲惫的神经获得短暂的休息。

美国一位心理学家说过："幽默是一种最有趣、最有感染力、最具有普遍意义的传递艺术。"可以说，幽默可以使气氛轻松、融洽，让每个人都有一种很轻松的心情。

在第二次世界大战胜利前夕的一次进攻战役期间，美军将领艾森豪威尔感到十分的紧张和疲惫，因此来到莱茵河畔散步，以放松紧张的神经。

这时有一位看上去很沮丧的小士兵迎面走来，看见艾森豪威尔将军，一时之间紧张得说不出话来。可是，艾森豪威尔却面带微笑说："你感觉怎么样，孩子?"士兵坦言道："将军，我十分紧张。"艾森豪威尔说："哦，那我们可是一对了，我也同样如此。"只是这样一句话，那位小士兵听了感到特别好笑，两人相视而笑，那位小士兵也不觉得气氛很严肃了。

艾森豪威尔的一句话，既缓和了小士兵内心的紧张情绪，同时又有效地表达了自己此时的真实心情，从而使接下来的沟通变得轻松、自然。

1938年1月11日，蔡元培70岁生日这天，上海各界人士在国际饭店为他设宴祝寿，蔡校长在答谢时风趣地说："诸位来为我祝寿，总不外乎要我多做几年事。我活到了70岁，就觉得过去69年都做错了。要我再活几年，无非要我再做几年错事咯。"宾客一听，忍不住大笑起来，整个宴会现场顿时其乐融融。

假如蔡元培先生摆出一副严肃的样子，一本正经地致答谢词，那肯定会营造出一种非常沉闷的气氛，从而使整个宴会的基调变得十分严肃，宴会效果可想而知。

风趣诙谐的语言可以起到很好的营造气氛的作用，在交际场合说几句风趣的语言是十分有必要的。在交流不畅的情况下，适当地风趣几句却是有效的润滑剂，这样可以缓和当时的尴尬气氛，从而使交流更加顺利。

不要对陌生人随意开玩笑

有的人喜欢开玩笑，以此来活跃气氛，消除双方之间的陌生感，这确实是一种与人建立融洽关系的有效方式。但是，也有不少人在初次见面时就和对方开玩笑，试图消除陌生感，这样做往往适得其反。因为你稍有不慎，把握不当，不仅不能缓和气氛，还会给双方关系造成难以弥补的裂痕，从而导致人际关系的破裂。因此，你在不了解对方的时候，不要随意与对方开玩笑。

我们不可否认玩笑的重要作用，如果你把握得当，它在很多时候都能够活跃气氛，缓和初次见面的紧张感和生疏感。但要选择合适的时间、合适的地点、合适的环境以及合适的对象，它才会产生锦上添花的作用。相反，如果你与一个自己不了解的人随意地开玩笑，免不了会被误解，或者伤害到对方，严重者会给自己带来难以预想的后果。

刘备进入蜀地之后，曾与益州的刘璋在富乐山相会，当时正好碰到了刘璋的部下张裕。刘备见张裕满脸胡须，就开玩笑说："我老家涿县，姓'毛'的人特别多，县城周围都住满了毛姓人家，县令感到奇怪，就说'诸毛为何皆绕涿而居呢'？"在这里，刘备巧将"涿"借此为"啄"，旨在取笑张裕那张被一脸黑毛遮住的嘴巴。

不料张裕回敬道："从前有个人先是任上党郡潞县县长，后来又迁至涿县做县令。有人在他上任前准备回老家探亲，便给他写了一封信，可在称呼上却犯了难，一时不知称他为'潞长'，还是'涿令'，最后只好称他为'潞涿君'。"在这里，张裕也巧妙地借此取笑刘备脸上无毛，立即引得哄堂大笑。当时，他们二人不过是开个玩笑，张裕并不在意这件事，但刘备却因自己处于下风而一直耿耿于怀。

后来张裕投到刘备麾下，刘备竟找了个借口，要杀张裕。诸葛亮请刘备宣布张裕罪状，刘备竟然说不出什么理由来，只称："芳兰当门而生，不得不锄去也。"

由于张裕对刘备一点都不了解，就与其开玩笑进行回敬。哪晓得刘备心眼小，一直因自己处于下风而耿耿于怀，于是张裕就因为一句玩笑话而掉了脑袋。

当我们与陌生人交谈的时候，为了消除双方之间的陌生感，开适当的玩笑是可以的。但是，在互不了解的情况下，开玩笑更需要慎重，既要选择合适的场合、合适的环境，还需要考虑到对方的性格特点、对方当时的情绪，除此之外，我们还需要把握好玩笑的内容，确保是内容健康、情调高雅的。当你把这些因素都考虑周全了，与对方开适度的玩笑，会为你的印象加分不少。

一般而言，玩笑是人际交往中的润滑剂，它能够缩短交往双方的心理距离，能够活跃气氛，能够化解尴尬的窘境。对于初次见面的陌生人而言如果你能够在交际中恰当地运用这一技巧，就会使自己成为交际中的高手。

巧用幽默拒绝无理的要求

现实生活中，每一个人都不希望被别人拒绝，也不愿意说拒绝的话，但是对于一些有悖于做人或者做事原则的事情，我们必须学会拒绝。假如用满怀敌意的态度、生硬冰冷的腔调来拒绝别人，破坏对方的心情事小，更重要的是会破坏个人的形象。那么，在关键时刻该怎样把拒绝的话说出口呢？我们可以使用幽默的方式去应对别人的好意请求或者恶意刁难，这样既能表达出个人的观点，又不失风度，更让别人在无话可说的情况下对你产生敬佩之情。

清朝，李鸿章有一个远房亲戚，胸无点墨却热衷科举，一心想借李鸿章的关系捞个一官半职。在考场上打开试卷的时候，他竟然发现题目中有很多字都不认识，更不用提如何作答了。就在临近收卷的关键时刻，他想了一个办法，在试卷上写下了"我乃李鸿章中堂大人的亲妻（戚）"几个字，希望主考官看到后能够通融一下。后来，主考官在批阅这份试卷的时候，发现他竟将"戚"错写成"妻"，顿笑，提起笔来批道："所以我不敢娶（取）你。"从而巧妙地拒绝了这位纨绔子弟的非分之想。

双关是文学和说话中常见的一种修辞方式。它是指利用语音或者是语义上的联系，有意识地让某一个词语牵涉到其他事物中去，从而让这个词语具有双重的意义，造成一种言在此而意在彼的效果，最终营造出一种活跃的语境，用轻松的语言化解对方的非难。这种双关的错批，既有强烈的讽刺意味，又富有情趣。

春运期间，一个汽车站的售票厅里，许多旅客都在排队购买车票。突然有一个西装革履、头戴大礼帽、手持文明棍的男人挤到了队伍的最前面，大声地指责售票员的效率太慢，耽误了他的时间。无礼地要求先让他买票，并且十分傲慢地说："你知道我是谁吗？耽误了我的时间你可赔偿不起，赶紧把我的车票先办理了！"售票员平静地抬起头，通过话筒对后面排队的顾客们说："旅客朋友们，这位先生需要我们的帮助。他现在已经不知道他是谁了，请咱们帮他想想……"旅客们听了都不禁大笑起来，对售票员机智幽默的拒绝纷纷竖起了大拇指。那位自高自大的旅客顿时羞愧得满脸通红，只好悻悻地退到后面，依次排队。

这位无理取闹的旅客无疑是在炫耀他的社会地位，但是售票员却没有反唇相讥，而是从他的话语里寻找破绽，用诙谐幽默的回答拒绝了他插队买票的无理要求。这样的方式通常适用于去应对一些自高自大者的故意刁难，在他们发出狂傲声音的时候，可以不给出正面的回答，而是利用聪明才智从对方的话语中寻找破绽，然后用十分幽默的语言反击，从而达到拒绝的目的。

幽默是一种快乐的催化剂

日常生活中，幽默无处不在。工作中，幽默可以缓解紧张的工作压力，提高工作效率；学习中，幽默可以使思考更加灵活，时常闪烁智慧的火花；生活中，幽默可以增添情趣，驱走乏味和平淡。不要吝啬自己的幽默，把握一切机会展现自己的幽默，还自己一个多姿多彩的人生。

一架飞机即将降落北京，落地前乘务员要做好签封工作，刚签封完就有旅客要可乐，乘务员说："我们都封了。"结果客人很不理解："我就要个可乐，你们就疯啦？"周围的人都笑了起来。飞机落地了，但还在滑行：旅客们都站起来拿行李，为了安全，乘务员本要广播"女士们，先生们，我们的飞机还在滑行，请您坐好，并关闭头顶上方的行李架"。结果乘务员一着急，播成了"女士们，先生们，我们的飞机滑得还行"。这时候，"叮咚"内话响了，机长说："谁夸我呢？"机舱内又笑成一片。呼唤铃响，空姐走过来问："您好，请问有什么可以帮您的吗？"旅客："能要一杯水吗？"空姐："当然可以，矿泉水吗？"旅客："有果汁吗？"空姐："有，橙汁和桃汁请问需要哪一种？"旅客："有可乐吗？"空姐："有，需要加冰吗？"旅客：

"那给我一杯茶吧！"

客人的误解非常有幽默效果，工作人员的一些无碍大局的小失误也很幽默，这些小幽默无疑使旅途充满了欢乐。当旅途比较漫长时，难免使人感到疲惫。一些小幽默可以调节氛围，营造良好的旅途环境，使人们的旅途倍感轻松愉快。

有一天，有个人开着车在一个狭窄的小巷与另一辆轿车相遇。两辆车都停了下来，但都未给对方先让路。不一会儿，对面车的司机竟拿出一本厚厚的小说看了起来，还悠哉地哼着歌。另一司机见状，从车窗探出头高声喊道："喂，老兄，看完后借我看看啊！"就这一句幽默的话，逗得对面的司机哈哈大笑，主动倒车让路。后来让车的司机主动提出交个朋友，就这样两人交换了名片，联系久了便成了好朋友。幽默不但化解了矛盾，而且让两个人成了朋友，皆大欢喜，真是"幽"得开心，"默"得可乐。

很多人在开车时都会遇到案例中的情况，在这种情况下必须有一方做出让步才能使交通恢复畅通，但并不是所有的人都愿意让路，这时就会导致双方发生口角，甚至有肢体冲突。这样的结果是人们都不愿意看到的，因为它不会让人们感到快乐，不会让人们看到生活的美好。所以在遇到这种情况时，不妨向案例里的司机学习，用幽默轻松巧妙地化解矛盾。这样做不但使得人们之间的关系更加融洽，而且能让幽默为生活添彩。

法国寓言家拉封丹每天早晨习惯食用一个马铃薯。有一天，他把一个很烫的马铃薯放在饭厅的壁炉上凉一凉，随后就离开了房间。可是，等他回来时，那个马铃薯不见了。有个佣人曾经在饭厅里走过，拉封丹猜到发生了什么事。于是，他叫喊起来："啊！我的上帝，谁吃了我放在壁炉上的那个马铃薯？""不是我。"那个佣人回答说。"那再好不过了。""为什么这样说？""因为我在马铃薯里放了一点砒霜，是为了毒死老鼠的！""啊，我的上帝！砒霜，我中毒了！""放心吧，孩子，这是我略施小计，为的是想知道事情的真相。"

拉封丹在发现自己的马铃薯不见了的时候并没有到处询问，而是非常巧妙地运用幽默让偷吃马铃薯的人自己招了。拉封丹的幽默很有意思，他抓住了人性的弱点，顺口编了一句谎话，佣人信以为真，吓得开始呼唤上帝，拉封丹也由此发现了事情的真相，让人忍俊不禁。

可见，无论是在生活、工作，还是学习中都是需要幽默的。"幽"得开心，"默"得可乐，"幽默之花"可以使人生更加绚丽多彩。

幽默的人会选择与众人同乐

幽默可以拉近人与人之间的距离，因为它不但会使自己的心情变得愉快，还会让周围的人感到轻松愉快。很多人都觉得只有自己快乐了，那么整个世界都会是明亮的，但事实不是这样的。因为我们生活在一个大家庭中，会接触到不一样的人和事物，我们会觉得只有自己快乐是如此自私，只有与人同乐，才是更大的财富。

一次，丘吉尔同意美国一家影片公司拍摄一部有关他生平的电影。这部影片中要出现丘吉尔65岁和86岁时的镜头，这一角色由一位名叫查理斯·罗福顿的电影演员扮演。当丘吉尔知道罗福顿由于扮演这一角色，将获得相当可观的一笔报酬时，他声称："第一，这个演员太胖；第二，他太年轻。与其让他去扮演可以得一大笔钱，倒不如由我自己来扮演更合适，这笔钱应该由我来赚。"

丘吉尔的幽默是情感的自然流露，显然他并不是真去抢这个角色，赚这笔钱，而是用这笔可观的报酬来调侃，让大家一起来分享自己的事迹被拍成电影的快乐。丘吉尔用幽默使人们获得快乐，同时自己也很快乐，这是真正的与人同乐。

在《基督山伯爵》一书中，大仲马把法国的伊夫堡安排为囚禁爱德蒙·邓蒂斯和他的难友法利亚长老的监狱。1844年该书出版后，无数好奇的读者纷纷来到这座阴凄的古堡参观。古堡的看守人也煞有介事地向每位来访者介绍当年邓蒂斯和法利亚居住的那两间囚室。人们的好奇心得到了满足，而看守人则因此拿到了一点小费。一天，一位衣着体面的绅士来到伊夫堡。看守人照例把他带到囚室参观。当听完了一番有声有色的独白之后，来访者问道："那么说，你是认识爱德蒙·邓蒂斯的喽？""是的，先生，这孩子真够可怜的，您也知道，世道对他太不公正了，所以，有时候，我就多给他一点食品，或者偷偷地给他一小杯酒。""您真是一位好人。"绅士微笑着说，然后把一枚金币连同一张名片放进看守人手里，"请收下吧，这是你对我儿子的好心所应得的报酬"。绅士走了，看守人拿出名片一看，上面用漂亮的字体印着来访者的姓名：大仲马。

大仲马明知那个监狱的看守在编故事，但还是面带微笑津津有味地与其聊着有关邓蒂斯和他的难友法利亚长老的事。最后留下的那张名片让那位看守人恍然大悟，同时也为大仲马的幽默所折服。大仲马的幽默就像他的作品一样，充满了悬念，同时他非常愿意与读者分享自己的快乐。

美国的节日里总包含幽默的内容。4月1日的愚人节是大众表达幽默的日子。愚人节那天，上下级之间，同事之间，朋友之间，家人之间，甚至在公共场所，都可以搞点恶作剧。给老板发个电子邮件，模仿老板娘的口气让他回家一趟；给同事打个电话，让他到地铁站等一位往日的情人；向父母谎报军情，告诉他们考试得了 A。还有人在马路上扔一个钱包，系上一根小绳子，自己在不远处拉住绳子的另一端，谁要是捡钱包，就突然往回拉。有人用破帽子包住一块砖头放在马路中间，看谁用脚去踢。还有小孩给动物园打电话，点名要和某只动物通话。

这样的幽默是大家一起分享的，是纯粹的与人同笑，看着每个人脸上都洋溢着欢笑，生活无疑是美好的。

幽默的人是善良的，而且很敦厚，因为懂得幽默的人都会与生活缔结善缘。幽默不能通过教科书去学习和掌握，因为它的实践性很强，不容易学会和掌握，但是只要通过不断的练习，你终会成为一个幽默的人。幽默是一种福音，就像一首柔美舒缓的田园曲。幽默是一种气质的自然流露，是幽默主体气度和气质的外化和延伸。幽默可以使人永远对生活充满信心，只有具备幽默品质并且能够与人同乐的人，才算得上是有品位的上乘之人。

假装糊涂化解窘境

在生活中，一个人太明白，精明过人，这并不一定是一件好事。我们应该明白，太精明，在别人看来就是犯傻，忍耐有时候就是装糊涂，凡事不能表现得太聪明，这样反而对事情很有利。古人曰："水至清则无鱼，人至察则无徒。"确实是这样，一个人若是过分表现出精明强干的一面，可以说是一件坏事。不管是做事还是做人，假装迟钝一点，傻一点，糊涂一点，往往会比太聪明的人活得更智慧。

萧伯纳的名剧《武器与人》首演时，获得了极大的成功，他应观众的要求来到台前谢幕。这时候，有一个坐在前排的人高喊"糟透了"。

对这种无礼的语言，萧伯纳并没有怒气冲冲，他微笑着对那人鞠了一躬，彬彬有礼地说道："我的朋友，我同意你的意见。"

他耸了耸肩，又指向正在热烈喝彩的观众说："但是，我们俩反对这么多观众又有什么用呢？"

台下观众顿时爆发出更为热烈的掌声。

面对无礼者的言语攻击，萧伯纳并没有正面回应，而是巧装糊涂，忍受了对方的攻击。在回答对方时，无论是温文尔雅的举动，还是那半开玩笑的言辞，都显示出萧伯纳一种忍耐的修养和风度。

俗话说："常在河边走，哪能不湿鞋。"在生活中，谁都免不了会遇到一些意想不到的事情，如果处理不好，着实使人尴尬万分。遇到这种情况时，想要化解难堪，假装糊涂、幽默应变是一个好办法。

杰西自称是个好猎手，他常对认识的人讲起他神奇的枪法。一天，他的朋友来邀他一起去打猎。他们来到河边，朋友指着游来游去的野鸭子，对他说："快举枪瞄准呀！"

杰西连忙端起枪来射击，可是没打中，野鸭子飞跑了。他很纳闷地对朋友说:"先生,我这是第一次看到死鸭子还能飞哩!"

谁都知道死鸭子是不能飞的。杰西借糊涂掩饰自己未射中鸭子,荒诞中不失俏皮,用一句话使自己摆脱了窘境。

巧装糊涂,不仅能使自己摆脱尴尬处境,同时也能让对方感觉到轻松的气氛,更有利于沟通。装糊涂的幽默和平和的人生态度是生活中不可或缺的元素。巧装糊涂,既可以给人们带来轻松的笑意和愉悦的心情,帮人化解危机,应对窘境,又能使人们以更轻松、包容的心态看待人生。

第四章

圆滑处世：幽默可以帮你摆脱尴尬

用幽默的心态应对尴尬

生活中经常会发生这样的事情：有人在很多人面前说出你不想让他人知道的秘密或揭你的伤疤，从而让你窘迫万分，甚至大发雷霆。

遇到这种情况，怎样才能不失风度地维护自己的面子呢？

美国前总统林肯长相很普通。有一次，在一个公开场合，有人对林肯说："你长成这个样子，还出来干什么？还不如躲在家里别出来。"

毫无疑问，这话是非常不礼貌的。但林肯只是淡淡一笑，回答说："非常抱歉，我这是身不由己的。"

其实，"身不由己"这个词是就他的长相来说的，天生这样，他也没有办法。大家听了之后，都笑了起来，难堪局面也就此化解。

日常生活中，我们每个人都有可能被动地扮演这种尴尬角色。让你感到难堪的，可能是你的朋友、同事或者爱人。当着很多人的面，他们取笑你，或者告诉别人你不愿提及的往事，让你心里感到很不舒服。假如你因此而发飙，对方就会说他只不过是跟你"开个玩笑"而已，还会说你一点幽默感都没有。

社交专家表示，如果跟这种人打交道，有两种不同的处理方式。

一种是消极的抵抗。要么被羞得恨不得找个地缝钻进去，要么情绪爆发大吵一架。当然，这会让你在别人眼中的形象一落千丈。

另一种是积极的应对。你可以巧妙地利用这些信息，把不利变为有利，这样不但可以有效地抵御"寻衅者"，还能让自己更受欢迎。

一位著名的社会学家曾经对这种窘迫调查研究了20多年。他指出，遭到公开的羞辱，当然没人会高兴，并且这也不是件可以轻易忽视的小事。当受到公开羞辱而情感受到伤害时，大多数人会失态、发火，或者一句话都说不出来。不过，你还有另一种选择——保持理智，控制情绪。

你不要花很多时间去琢磨："为什么这个人要这么对我？"有些人是故意这么做的，也许是因为他们感到了你对他们的潜在威胁，也许是为了报复在他看来你曾做过对他不利的一些事。另有一些人则仅是心里憋不住事，试图一吐为快，却没有想到自己不经意的做法会给别人带来那么大的伤害。

去琢磨这些人的动机是非常不明智的。对方很可能不知道你会介意这件事情。当你向对方指出其言行失礼时，那些出于好意却拙于表达的人通常都会马上向你致歉。

不过，当时应采取什么样的办法去应对，还得看具体情况。你的老板或上司在同事们面前指责你，并且今后还有可能出现这种情况时，你可以这样回复上级："这个问题我待会儿能否单独向你请教一下？"这样做既不失风度，又维护了你的自尊。

同样的道理，如果你曾被家人或朋友这样伤害过，与其采取他们对你的方式回敬，倒不如直截了当地向他们说明，他们的做法已经使你受到了伤害。如果他们还这样做的话，你可以进一步表示自己将不再信赖他们。

当然，不管你采用的是什么办法，最重要的是一定不要失态发火，否则只能使"寻衅者"占优势，而且会招致更深的敌意。

不过，经过实践证明，应对这种尴尬的最好方法，就是运用自己的机智和幽默感来化解。下面这两位女作家之间交往的故事，值得大家借鉴。

一位作家写了一部书，反响很不错。出于妒忌，另一位作家走到她面前，不怀好意地说："你这本书写得不错。不过，不知道是谁为你代笔的呢？"

这位作家立即反驳说："很高兴你能夸奖我这本书。不知是谁念给你听的呢？"

对方嘲讽这个作家不会写，而作家则回敬对方不会读，既在意料之外，又在情理之中，用一个玩笑化解了尴尬。

事实上，每个人都不可避免会遇到一些尴尬事。当遇到这种情况时，我们一定不能大发脾气，那样只能使结局更糟糕，而是需要用智慧去解决，用幽默的心态去对待，用幽默的语言去回敬对方。

幽默的语言可以打破僵局

在日常交际中，人们常常因固执己见而争论不休，因为一句不适当的话而冷场，或者因为突发状况而形成难堪局面，等等。这时候，作为当事人或者局外人，需要适时地说几句话来打破僵局，化解尴尬的气氛，使交流得以正常顺利地进行下去。其实，生活中难免发生一些猝不及防的事情，这会让当事人遭遇尴尬或不快，甚至引发不必要的麻烦，轻则令人恼心，重则在心里结下疙瘩。这时，如果利用突发事件与语言之间的玄妙之处做出机智的解答，就会使当事人转忧为喜，紧张气氛也会得以缓解。其实，有时候只需要两三句幽默语言就可以打破僵局，从而为大家营造愉快的气氛。

有一次小娜和几个同事一起参加省里的业务考试，当她们走进考场时，只见阿梅的桌子上钉有3枚大钉子，且凸出不少。不难想象，这不仅会刮破衣服，同时也会影响答题的速度。阿梅一脸的怒气要求监考老师换桌子，可监考老师说："现在不能换，别违反考场纪律！"阿梅气得柳眉倒竖，连说："真倒霉，不考了。"小娜见了连忙说："有几枚钉子算什么！"阿梅说："你说得轻松，这可是3枚钉子，躲都躲不过去呢！"小娜说："你太幸运了，我还求之不得呢！"阿梅："你别拿我开心了，这么倒霉的事要让你碰上，你还能说幸运？"小娜说："你知道这3枚钉子说明了什么吗？这叫板上钉钉！说明你今天的3科考试铁定都能过关。"阿梅听后马上转怒为喜："借你吉言，我要是3科都及格了就请你吃饭。"结果一个月后发布成绩，阿梅果然3科都顺利过关。

本来桌子上有3枚大钉子是令人生气的，更何况还要坐在这里考试。小娜为了打破僵局，在阿梅恼羞成怒的时候，将"板上钉钉"的俗语与考试联系了起来，积极地联想，"3科铁定都能过关"的吉言正好说到了阿梅的心里。于是，僵局被打破了，阿梅借小娜的吉言获得了好成绩。

在交际场合，过于严肃和紧张的气氛往往不被人们所接受，这时候就需要用幽默的语言把它变得灵活些、有趣些。

用风趣的话打圆场

中国人素来爱"面子"，尤其在人际交往中，更是处处怕失"面子"，这也是中国人的普遍心理。但人们在处理人际关系的时候，可能会因经验或能力不足而面临尴尬的局面，或与客户争吵，或被上司批评，或被同级嘲笑等，他们都希望保住"面子"和尊严。此时，如果我们能巧妙地打圆场，给对方找到一个台阶下，就能打破难堪的局面。

假如因为一个比较严肃、敏感的问题而导致双方对立，甚至无法正常交谈的时候，我们可以通过转移话题，用诙谐有趣的话题营造气氛，转移大家的注意力，也可以用有趣的话题来淡化问题的敏感性，打破原本僵持的局面。比如，朋友之间为了某个问题争得面红耳赤，僵持不下，可以适时说一句"要把这个问题争得明白，比国家足球队赢球还难"；或者说一个笑话，让双方的情绪平缓下来，在轻松的气氛中化尴尬于无形，使交际活动得以顺利进行。

老诗人严阵和一位青年女作家一同访问美国，在一所博物馆的广场散步时，恰巧有两位美国老人在一旁休息，看见有中国人来，他们很热情地与之交谈。其中一位老人为表达对中国人的感情，热烈地拥抱那位女作家，并亲吻了一下，女作家十分尴尬，不知所措。另一位老人也抱怨说，中国人不习惯这样，那位拥抱过女作家的老人像犯了错误似的呆立一旁。老诗人严阵赶快上前微笑着说："尊敬的老先生，你刚才吻的不是这位女士，而是中国，对吗？"那位老人马上笑道："对，对！我吻的是中国！"尴尬气氛在笑声中烟消云散了。

有一次，齐白石在看护伍德萱的陪伴下参加新凤霞的"敬老"宴会，在场有很多文艺界名流。齐白石很早就听过新凤霞甜美的唱段，见到她本人后，激动地紧紧握住新凤霞的手，从上到下，仔细地端详、凝视着新凤霞，使对方陷入了尴尬。他的看护提醒他："你总盯着人家看什么呀？"此举惹得齐白石颇不高兴，反驳道："我这么大年纪了，为什么不能看她，她生得好看。"见齐老脸都气红了，伍德萱也一时不知所措，这时新凤霞笑着说："齐老，您看吧，我是唱戏的，不怕看。"旁边的人也打趣道："老师喜欢凤霞，就收她做干女儿吧！"几句趣话便促成了一段佳话。

可见，交际中若遇到尴尬场面，审时度势，准确把握双方的心理，借助幽默风趣的话语及时打圆场，化解尴尬，保证交际活动的正常进行，就显得十分重要，也确实是十分必要和值得重视的。

在生活中，有时候人们会因为某个问题争论，即便同一个人对某一个问题的看法随着环境的改变，以及看问题的角度不同也是不同的，当然也有可能是合理的。在打圆场的时候，我们需要注意这个关键的问题，帮助正在争论的双方达到一个争执点，灵活地分析问题，这样就可以让他们停止无谓的争论。

总之，打圆场是一种语言艺术，必须从善意的角度出发，以风趣的话语去缓和紧张气氛，调节人际关系。从我们自身来说，掌握交际双方的心理，运用说话技巧，帮人夺回"面子"，也可以使我们在交际场合左右逢源。

巧用幽默面对尴尬

生活总爱和人开玩笑，我们常常无法避免一些意外的尴尬。有时，你不经意间的一句话，就会给自己招来一些不必要的麻烦。遇到这种情况时，人们总会想方设法地去解释，试图澄清事实。但是有时候，事情却总是越描越黑，越解释越说不清。此时，解决问题的关键，就在于是否能让别人信服你的观点。

在古希腊，一位名叫伊索的寓言大师极富智慧。

有一次，他的主人醉酒后失言，发誓要喝干大海里的水，并以他的全部财产作为赌注。

第二天醒来，主人发觉自己失言了，极为懊悔。但是，全城的人早已得知此事，纷纷来到海边等候着，要亲眼看看他是怎么喝干大海的水的。

此时，束手无策的主人向聪明的伊索求助。伊索平静地思考了一番，然后就给主人出了一条妙计。

主人急急忙忙赶到海边高喊道："不错，我是说要喝干整个大海的水。可是，目前千万条江河不停地流向大海，这可就不好办了。如果有人能非常明确地把河水与海水的界线分开，那我保证能喝干大海里的水！"

当然没有人能找到河水与海水的严格界线，并且把它们分开。于是，伊索帮助主人安全地渡过了这一尴尬的难关。

聪明的伊索面对主人的难题时，并没有像主人一样惊慌失措，而是平静地进行思考，仔细分析如何才能挽回主人的声誉。最后，他通过设立了一个不可能的前提条件，使这件不可能的事情被合乎逻辑地推掉了，从而化解了尴尬。

在社会交往中，我们总会遇到一些意想不到的事情，尤其是在公共场合，难免会遇到尴尬、难堪的事情，怎么来应对这种场面呢？怎么做到冷静处理，尽量地缓和气氛，以免造成更大的麻烦呢？这时，我们不妨来点幽默的方式缓和紧张的气氛，而且还可以更快、更好地解决问题，使局面重新得到控制，化解我们尴尬的处境。

众所周知，第一次登上月球的实际上有两个人：第一个人家喻户晓，名叫阿姆斯特朗，而和他一起登月的还有一个人，名叫奥尔德林。在庆祝登月成功的庆功宴上，有一位记者出乎意料地问了奥尔德林这样一个特别的问题："阿姆斯特朗先下去了，他成为登月的第一人，你会不会觉得非常遗憾呢？"

场面顿时一下子尴尬起来，所有人都屏住呼吸等待奥尔德林的回答。奥尔德林却非常有风度地说："各位，你们千万不要忘了，回到地面时，我是第一个走出机舱的。"接着，他环视了一下四周接着说，"所以，我可是由别的星球来到地球的第一人！"大家都被他的幽默语言逗乐了，宴会上顿时掌声如潮。

如果你能幽默地面对尴尬，再大的尴尬也能够化解，这就使你能轻松地获得别人的理解和赞许。在一些公众场合，特别是像演说、演唱会这样的场合，舞台上的人受到的是全场乃至场外更多人的关注，所以他们的形象显得尤为重要。但是在这种场合，也免不了会出现一些意外，让他们陷于尴尬的境地。这就需要他们利用应对突发事件的冷静和智慧，来巧妙地使自己摆脱这种意料之外的尴尬。

有位青年演说家参加演讲比赛，在上台时不慎被电线绊倒了。

正在鼓掌的观众们都怔住了，接着现场一片哗然。

然而，演说家从容地站了起来，微笑着说："你们的热情鼓掌真的令我倾倒了。"

妙语一出，顿时大厅里活跃起来，赞美的掌声响彻屋顶。

在面对突如其来的尴尬场景时，这位青年演说家并没有选择退却，更没有表现出恼怒的情绪，而是非常从容地把自己的跌倒与在场观众的热情联系到了一起。这样，不仅将自己从窘境中解救出来，还从侧面对观众给予了肯定，真可谓一举两得！

幽默可以解围身边的困境

当我们处境尴尬时，以幽默的心态来活跃气氛，消除紧张，不但能够使自己找到台阶，也能显现出一个人的可爱和睿智。

在我们身处尴尬或被人误解时，诙谐幽默的话语不仅可以活跃现场气氛，还能为我们赢得别人的尊重。每个人难免会遭遇尴尬，即使是具有一定声望与地位的名人也难以幸免。他们的应对更需要技巧，因为如果处理不当，很容易损毁自己花费心思艰辛努力而建立起来的社会声誉。此时，幽默应对是最好的选择。

除了日常的社会交往，很多电视访谈节目也是一个非常重要的应对场合。一些具有主持技巧的优秀主持人经常会在节目中"为难"嘉宾，以制造娱乐效果，从而引发话题。而聪明的嘉宾总会在这时找到幽默的应对之法。

身高1.68米的主持人曹颖，在节目中遇到了身高2.26米的著名篮球运动员姚明，她丝毫不改往日主持本色，试图"为难"一下他。

于是，曹颖就问："请问你心目中女友的身高标准是多少呢？1.68米怎么样啊？"

姚明知道这是个套儿，就装作一脸无奈地回答："你这不是给我添麻烦吗？你这属于给我制造家庭矛盾呀！"由此，他岔开了话题。

然而此时，帮腔的来了，有人故作天真地问他："在2.26米的高度呼吸到的空气，有什么不同吗?"

聪明的姚明想都没想就回答："你们现在吸到的，都是我呼出的废气。"

作为一名优秀的篮球运动员，姚明也是一个聪明睿智的人。由于长期生活在媒体闪光灯之下，他已深谙访谈节目的技巧，所以可以沉稳幽默地应对。而他诙谐的回答，也让我们看到了他球场上专业形象之外平和幽默的另一面。

因此，在社会交往中，别忘了偶尔幽默一下，因为它会带你走出尴尬局面，重建社交自信，它还会让朋友感受到你的宽容大度。总而言之，当你身处尴尬之境时，别忘了找幽默帮一下忙。

幽默是化解尴尬的最佳良方

在日常工作中，幽默的语言风格无处不在，其实，幽默能有效地影响他人心理，增进人与人之间的关系。有时候，身边的朋友或同事会陷入某种尴尬中，我们就需要用幽默来为他人解围了。

有位老师应邀到北京某大学中文系作家班举办学术讲座。

在谈到自己喜好的诗作、准备朗诵一段时，老师发现诗稿放在一个学员的课桌上，便走下讲台去拿。

教室是阶梯式的，老师上台阶时，一不留神摔倒在第二级台阶上，不少学员偷笑起来，那位老师脸红了。

就在这时，与老师一同前来的同事接过了话筒，指着台阶说："你们看，上一个台阶多么不容易啊！老师想告诉我们这样一个道理：生活不容易，作诗也不容易。"

那位同事的话语顿时赢得了台下学生的掌声。接着又说："一次不成功不要紧，再努力!"

在同事解围的时候，那位老师已经恢复了平静，微笑着走上了讲台，继续进行学术讲座。

那位同事通过此时此景，巧言化解了老师的尴尬。当然，在这个过程中，相信那位幽默的同事也给在座的学员留下了深刻的印象。幽默是一种说话的艺术，需要我们注意在特定的场合中察言观色，适时幽默几句，这样就能有效地帮助他人摆脱尴尬和窘迫。

理发店里新来了一个学徒。3 个月后，他正式上岗。他给第一位顾客理完发后，顾客照照镜子，说："头发理得太长。"

学徒有些不好意思，头很低，一言不发。站在旁边的同事小王笑着解释说："头发长使您显得含蓄，这叫藏而不露，符合您的身份。"

顾客听了，高兴而去。

学徒给第二位顾客理完发后，顾客照照镜子，说："头发理得太短。"

学徒脸红了，没想到顾客还是不满意。这时，同事小王笑着解释："头发短使您显得精神、朴实、厚道，让人感到亲切。"

顾客听了，欣喜而去。

学徒给第三位顾客理完发后，顾客边交钱边嘟囔："剪个头花这么长时间。"

学徒手足无措，同事小王马上解释道："为'首脑'多花点儿时间很有必要，您没听说过'进门苍头秀士，出门白面书生'吗？"

顾客听了，大笑而去。

学徒给第四位顾客理完发后，顾客边付款边埋怨："用的时间太短了，20 分钟就完事了。"

学徒又是不知所措。同事小王马上笑着抢答："如今，时间就是金钱，'顶上功夫'速战速决，为您赢得了时间，何乐而不为？"

顾客听了，欢笑告辞。

在这个故事中，小王真是能说会道，机智灵活，每次都能用幽默的语言为身边的同事解围。每次幽默的解释都使那位学徒摆脱了尴尬，同时，也让顾客转怨为喜，高兴而去。

以幽默的方式帮助他人解围，需要我们从善意的角度出发，以幽默的话语缓和紧张气氛、调节彼此之间的人际关系。这对于我们增进与他人之间的关系很有益处。

第五章

歪打正着：幽默的表达离不开修辞

善用诙谐比喻制造幽默

人生在世岂能尽如人意，生活中难免有许多无奈、愁苦与悲伤，但幽默而乐观的人，始终会"一笑解千愁"，秉持"笑看天下古今愁，了却人间许多事"的生活态度，以一个个精妙诙谐的比喻去笑着应对风雨，迎接阳光。

我国自古以来就有以精妙的比喻来引出幽默的传统。曹雪芹在《红楼梦》中这样描述：凤姐不知从哪里拿来一碗鸽子蛋，放在桌子上，正对着刘姥姥。贾母刚说了一声"请"，刘姥姥便站起身来，高声说："老刘老刘，食量大如牛；吃个老母猪，不抬头！"说完，自己便鼓着腮帮子不语。

众人乍一听先是发怔，后来想明白了。上上下下都大笑起来，其状可不一般。湘云实在撑不住，一口茶都喷了出来。林黛玉笑岔了气，伏着桌子只叫"哎哟"。宝玉滚到贾母怀里，贾母搂着叫心肝！王夫人笑得用手指着凤姐儿却说不出话来。薛姨妈也撑不住，口里的茶喷了探春一裙子。探春的茶碗都合在迎春身上。惜春离座位，拉着奶妈叫揉揉肠子。

就此，我们可以看出精妙比喻作为幽默笑话，可以让别人开怀大笑，也可以让讲幽默的人以笑解愁，自己开心起来。

恩格斯曾经说过："幽默是具有智慧、教养和道德的优越感的表现。"幽默能表事理于机智，寓深刻于轻松，给周围的人以欢笑和愉快。幽默运用得当时，能为谈话锦上添花，让人轻松之余又深感难忘。

有一位诗人叫石曼卿，他善于用诙谐比喻来制造幽默。

石曼卿喜欢骑马。有一次，他骑马游玩时，牵马人一时没有控制好马，让他从马上摔了下来。侍从连忙把他搀起来扶上马鞍。牵马人以为他一定会大发雷霆，痛骂或者惩罚自己。不料，石曼卿却慢悠悠地扬起马鞭，半开玩笑地对牵马人说："幸亏我是石学士，如果是瓦学士的话，岂不早被摔碎啦？"

众随从听到此话，大笑不止。

这样的幽默，既显示出石曼卿是一个大度之人，同时也不失他的面子。

运用精妙比喻的幽默，会让一个人有苦中作乐的精神。当不幸袭来时，保持幽默感，一笑了之，就已经意味着胜利了一半。

在莫里哀的喜剧《太太学堂》里，阿南解释人为什么"吃醋"，为什么生气。

阿南说："我给你打个比喻，你就清楚了。你端着一碗汤，来了一个饿鬼，要喝掉你那碗汤，你不但生气，还要揍他，你说对不对？"

尧回答说："对，这话我懂。"

阿南又说："'吃醋'完全跟这一样，女人确实就是男人的汤。一个男人看见别人有时候想尝尝他的汤时，马上就大发雷霆。"

比喻之所以能制造幽默氛围，是由于它往往用意料之外又在情理之中的话语使人获得"豁然贯通"的美感享受，使得情感郁积得到巧妙释放，从而转化为幽默。

我们讲话是为了阐述道理，要把那些生硬、枯燥的理论表述得生动具体，使别人印象深刻，这本来就不是一件易事。但是，如果能运用贴切的比喻，就能化难为易，几句简单的话就说明深刻道理，极具说服力。

善用夸张的表达实现幽默效果

夸张，很容易让听者展开联想，从而产生幽默效果。事实上，适度夸张能使人或事物的形象或特征更加突出，给人的感觉更加强烈，从而使人受到话语的感染而投入更多注意力。在讲话时，为了表达需要，我们在尊重客观事实的基础上，故意夸大或缩小一些人或事在某方面的特征，可以形成强烈的对比效果。当你读到李白"飞流直下三千尺，疑是银河落九天"的诗句时，就不能不用心去体会庐山瀑布那从天而降、磅礴的气势——由于夸张手法的运用，瀑布的美震撼了人心。

当然，适度夸张是在某些方面"言过其实"，但又需要有真实来作为基础，这样才有利于突出事物的特殊性，进而激发听众的想象，突出个性形象，从而达到幽默效果。

一个法国人、一个英国人和一个美国人在一起吹嘘他们国内的火车行驶得如何快。

法国人说："在我们国家，火车行驶得快极了，路旁的电线杆看起来就像花园中的栅栏一样。"

英国人忙接上说："我们国家的火车行驶得真是太快了！得往车轮上不断泼水，不然的话，车轮就会变得白热化，甚至会熔化。"

"那又有什么了不起！"美国人不以为然地说，"有一次，我在国内旅行，我女儿到车站送我。我刚坐好，车就开动了。我连忙把身子探出窗口吻我女儿，却不料吻到了离我女儿6英里远的一个满脸黑乎乎的农村老太婆。"

在跟人交流的过程中，运用夸张的说话方式给予巧妙暗示，极易产生特殊的幽默效果，这样做既不伤双方和气，又能表明自己的看法和意图。

另外，夸张制造出来的幽默通常会带有一定的讽刺意味。

有一次，马克·吐温乘火车到一所大学讲课。讲课的时间已经快要到了，他非常着急，但是火车却开得很慢。于是，他想出了一个发泄怨气的主意。

等列车员过来查票时，马克·吐温拿出一张儿童票给他。

这位列车员也挺幽默，故意上下打量了一番，说："真有意思，看不出您还是个孩子呢！"

马克·吐温幽默地回答说："我现在已经不是孩子了，但我买火车票时还是个孩子，火车开得实在太慢了。"

火车开得确实是有些慢了，但也不可能慢到让一个人从小孩长成大人。马克·吐温想表达的是车速太慢，但他没有直接将自己的不满对列车员抱怨，而是巧妙地对火车缓慢的行驶速度做出了无限制的夸张，令人捧腹大笑，并在相对轻松的氛围里委婉地提出了自己的抗议。

一个初学写作的青年，给马克·吐温写了封信。信里面说："听说鱼骨里含有丰富的磷质，而磷质最能补脑子，那么要想成为一个作家，就必须得吃很多的鱼了。"

他又问马克·吐温："你是不是吃了很多鱼？吃的是哪种鱼呢？"

在回信中，马克·吐温告诉他： "看来，你要吃一条鲸鱼才可以。"

大家都知道，鲸鱼是最大的"鱼"，这里的夸张已经达到了极限，甚至让人觉得有些荒谬，但这种幽默却收到了良好效果。

夸张本身就是荒谬的，当我们在讲述一件荒谬的事情时，那肯定是引人发笑的。夸张本身包含了不协调因素，这就会产生强烈的幽默效果。当然，人们之所以会笑，那是因为他们知道夸张是不可能成为事实的，于是才有了夸张后的想象与事实之间的差距，这样差别越大，幽默的效果就越明显。

有一天，国王觉得无聊，对杰克说："如果你能讲一个我从未听说过的谎言，我会赏给你100枚金币。"

"好吧，一言为定！"杰克说完开始胡吹。

"从前，我家有一头骡子。一天，它挣断绳子逃了出去。我四处寻找，哪儿都没有找到。过了几天，我从集市上买回一个大西瓜，拿回家切开一看，我那头逃出去的骡子竟然躲在西瓜里给王后补破鞋呢。"

国王听后，笑了笑，说："这种谎言我听得多了，并不新鲜。你只不过把自己的妻子说成王后而已。"

"好吧，那我就给您讲一个真实的事。一天，我在先父留下的一本书里，发现了一张借据。那借据是您父亲也就是已故老国王亲笔写的，老国王曾经向先父借过1万枚银币。您现在应该把您父亲借我父亲的1万枚银币还给我。"杰克从容地说。

"杰克，你这是胡说八道！我可从来没听说过有这种事。"国王恼怒地叫嚷起来。

"对了，我讲的就是您从来未听说过的。请您赏给我100枚金币吧！"杰克笑了笑说。

夸张是一种包含幽默元素的修辞方法。夸张是用言过其实的方法，突出事物的本质，或者加强说话人的某种情绪，以此来烘托气氛，引起听者的联想。在通常情况下，夸张可以引起听者丰富的想象力以及强烈的共鸣。

当然，在运用夸张手法时，我们必须以客观实际为基础，在不失去真实感的前提下进行夸大或缩小，绝不能无中生有，信口开河，把事物过分夸大或缩小。

另外，夸张还应该结合特定的目的与场合而用：如果在一些较为严肃的场合，就不宜用夸张的语句；如果在较随意的场合，就可以灵活地运用夸张手法，以活跃气氛，增加谈话的趣味。

"大智若愚"增添交际趣味

有时候，幽默是因为语义的转向而产生的。当一句话的意思被误解成另外一种意思时，就会导致语义迁移，从而产生幽默效果。

有一个医学院的学生期中考试不及格。补考时，为了给他一个及格的机会，老师就提了一个非常简单的问题："《本草纲目》的作者是谁？"

谁知，那个学生听了毫无反应。

老师生气地喊："李时珍，你听见没有？"

学生听了，赶紧拔腿就走。

老师惊奇地叫住他，问："喂，你为什么走呀？"

"您不是在叫下一个学生了吗？"学生幽默地回答说。

在这个案例中，"李时珍"这个词语的意思本来是不需要过多解释的，他是《本草纲目》的作者。不过，它在这里却产生了歧义。可能是这个学生学习成绩太差，连这样基本的常识都不知道，甚至把"李时珍"当作同学名字，让人听了既好气又好笑。

有时候，我们还可以歪解经典，把那些众所周知的历史英雄故事通过词义的曲解变成现实生活中的语言。这两者的语境距离是遥远的，当然，这样的距离越远，所产生的喜剧效果就越大。

有位主管主持会议，开宗明义地宣布："今天的会议十分重要，研究全厂改革大计，故应明令禁止说普通话。"

与会者不禁愕然："普通话，为什么要禁止呢？不说普通话，莫非要说方言或英语不成？"

望着众人一脸迷惑，主管又接着说："所谓普通话，就是指那种普普通通、平平庸庸、四平八稳、不痛不痒、没有独到见解、缺乏实际内容的套话、空话。这种话难道不应禁止吗？所以，我提议在今天的会上，大家一定要说切实有用的话！"

听到这里，众人才恍然大悟，并鼓掌表示赞同。主持人巧用望文生义法，开场白极富幽默感，既点出了会议的宗旨，又活跃了会场的气氛。

在使用幽默时，我们可以只按照字面意思去解释，不去探求其背后的含义。换句话说，也就是明知道这是错误的，我们也需要按照字面意思去理解，这样就会说出与解释完全不一样的结果，从而使整个语言表达充满风趣。

司马迁的《史记》中有一个成语，叫作"一诺千金"，说的是秦汉之际，跟刘邦一起打天下的武将季布，只要他答应的事情，多少金钱也无法改变他的决定。

有个笑话就歪曲地解释了这个典故：

有一个姑娘问小伙子："'一诺千金'怎么解释？"

小伙子说："'千金'者，小姐也；'一诺'者，答应也。意思是：小姐啊，你就答应了吧！"

通过词义曲解，把历史典故变成眼前求爱的语言媒介，二者之间语境差别有多大，其产生的滑稽效果就有多大。

事实上，当我们所说的话有悖于人们的常规思维时，歪理就产生了，幽默也随之产生了。

此外，我们还可以运用"大智若愚"增添交际趣味，活跃谈话气氛，最大限度地展现我们的智慧和幽默，令人心生好感。

通过模仿对方而形成的幽默

幽默的重要源泉之一就是模仿。模仿有许多类型，比如对思维方式、语言以及行为都可以进行模仿。通常情况下，造成交流障碍的重要原因就在于思维方式的不同。

在现实生活中，我们若能巧妙运用反常规的思维方式，就会让人啼笑皆非、无法辩驳。

下面举两个例子，在这两个例子中，并没有涉及交流，只是照搬了一些同义词或词义，就已经引人大笑并予以深思。

乔治："上周，有一粒沙子进入了我妻子眼中，只好去看医生。这花了我三块钱。"

约翰："你那算什么！上周，有一件皮大衣进入了我妻子眼中，就花了我三百块钱呢！"

弟弟："哥哥，你知道火箭为什么飞得那么快吗？"

哥哥："这简单啊，火箭飞行时，屁股上不是有一团火吗？你想谁屁股上着火了跑得不快呢！"

实际上，火箭"着火"快跑是由于获得了动力，可是人被火烧时快跑则是为了逃命，两者的实质并不相同，给人的视觉印象却属于同类。这种模仿，既巧妙应对了小朋友的理解能力，又富有幽默感。

当然，模仿的方法不但能应付小朋友们的无厘头思维，还能针对某些人的狡辩予以反击。

下面这个幽默也同样精彩。

坐在飞驰的列车上，小尼克兴奋地不时把头伸出窗外。父亲多次制止他都毫无效果，小尼克仍旧不听劝阻。

此时，父亲趁小尼克不备，迅速摘掉他的小军帽，藏在座位下面，说："看，不听话，小军帽飞了吧！"

小尼克害怕地把伸出窗外的头缩了回来。

父亲说："这就对了嘛，吹声口哨，小军帽就会回来了。"

小尼克吹了声口哨，父亲迅速把小军帽戴在他头上。

"哎呀，这太神奇了！"小尼克快活地说。

忽然，小家伙一把拽下父亲的礼帽，迅速扔出窗外，说："爸爸，现在该您吹口哨了。"

通过模仿对方而形成的幽默，最完美的地方就在于：让先发者哑口无言、自作自受。因为这个游戏规则是由他自己制定的，后发者只不过是机智地模仿了他的思维模式或谈话方式，并严格遵循了游戏规则，而这种游戏通常只有一个结果，那就是先发者"赔了夫人又折兵"。这正是模仿的魅力所在。

学会用笑来摆脱苦恼

面对突如其来的状况，我们来不及思考，所以此时打破窘境的幽默不是深思熟虑的产物，而是随机应变、自然而成的结晶。幽默往往与快捷、奇巧相连，讲究出其不意掩其不备。这种幽默不仅使人眼前一亮，而且可以体现幽默者的智慧。

一次，美国前总统里根在白宫钢琴演奏会上讲话时，夫人南希不小心连人带椅跌落到台下的地毯上。

正在讲话的里根看到夫人并没有受伤，便说："亲爱的，我告诉过你，只有在我没有获得掌声时，你才应该这样表演。"

顿时，台下响起了一片热烈的掌声。

本来是一件令里根很尴尬的事情。此时，如果埋怨或者置之不理，都会令气氛更加紧张。不仅一句幽默的话就将气氛还原，而且体现了里根的智慧。

都求"自然成文"为好，幽默也是如此。有准备的幽默，当然能应对一些场合，但难免有人工斧凿之嫌。临场发挥的幽默才是最精粹、最具有生命力的，也是最难把握的语言艺术。

幽默是一种生活艺术，是运用你的幽默感来增进你与他人的关系。同时它也是一种智慧的表现，它善于打破常理，出其不意地解决问题，巧妙地化解矛盾，使一些误会或者矛盾瞬间被澄清或者化解。这样的化解方式要比大打出手、争吵不休体面，更能让人从心理上接受。

有了幽默，我们可以学会以笑来代替苦恼。借着幽默的力量，我们能随时将痛苦驱赶。幽默还能使我们振奋，信心大增，使我们脱离许多不愉快的窘境。

不论你从事什么行业，身居何职，幽默力量都能助你一臂之力，使你的工作和事业更顺利地发展，使你的社会交往更为广阔。它能使你善于待人接物，广交朋友，帮助你解决人际关系的难题，教你学会如何摆脱窘迫的处境。

幽默作为笑的媒介可以帮助打开郁积的心结

每个人的生活都不是一帆风顺的。因此，遇到痛苦、挫折也是常有的事。众所周知，一些带普遍性的社会问题，如物价上涨、交通拥挤、煤气不足，等等，会使人感到焦虑和不安。此外，我们自身也有一些难以解决的问题，例如，青年人感到青春易逝；中年人工作、家庭负担重，健康状况成问题；老年人无人照顾，同青年人有代沟，内心有孤独感。如果我们能很好地使用幽默的力量，就可以明白你所忧虑的事情，并不一定是人生路上最大的事。

我们经常说一句谚语，"笑一笑，十年少"。可见，笑对于人类有益无害。幽默，作为笑的媒介，会引起人们发笑。

多数人都感觉到年龄渐长等问题，也是难以解脱的烦恼，让我们看看应怎样以幽默来对待这个难题。

著名演说家罗伯特说："我争取在最年轻的时候死去。"他不论在私下还是在公共场合，都把年龄看得很轻，以一颗年轻并富有趣味的心而出名。因此，在他 70 岁生日那天，他还签了一个为期 5 年的演讲合同。

幽默就是这样，让人心胸开阔，延年益寿。

借助幽默的力量给生活注入兴奋剂

法国哲学家伏尔泰有一个很忠实的小仆人，可他有点儿懒惰。

一天，伏尔泰对他说："儒塞夫，去把我的鞋拿来。"仆人赶忙把鞋拿来了。伏尔泰一看惊呆了：鞋上仍然布满昨天出门时沾的泥迹尘埃！

他问道："你怎么早晨忘记把它擦擦？"

"用不着，先生。"儒塞夫平静地回复，"路上尽是泥泞污浊，两小时以后，您的鞋不又要和现在一样脏吗？"

伏尔泰微笑着走出门。仆人在他身后跑步追了上来："先生慢走！钥匙呢？"

"钥匙？"

"对，食橱上的钥匙。我还要吃午饭呢。"

"我的朋友，吃什么午饭呢，两小时以后你也将和现在一样饿嘛！"

仆人对主人服务不周，当然会引起主人的不快，主人往往会训斥仆人。然而，伏尔泰却以微笑和幽默对待此事，将不愉快变为轻松愉悦，而且使仆人在笑声中得到教育。伏尔泰真可称得上是幽默家。

将事情化小，确实是日常生活中运用幽默力量的好方法。面对生活中可能引起麻烦的事情，我们借助于幽默，共同欢笑一场，就能把这些麻烦放到适当的位置而不至于过分忧虑和不悦。

在生活中，如果人们能常以幽默来对待各种事情，如在寒冷、炎热、潮湿的令人难熬的日子里，说上几句逗人开怀的笑话，肯定能振作大家的精神。

生活是丰富多彩的，只要我们的想象力和创造力不被一些框框所束缚，就能借幽默的力量，给生活注入兴奋剂。

第六章
能言善辩：幽默可以展现出内心的智慧

说话柔中带刚，用幽默来化解攻击

在生活中，我们谁也无法避免和别人发生一些摩擦和冲突。有时候，可能是因为别人对我们不了解或者是其他原因而说出一些带有攻击性的话语，那么，此时如果我们选择沉默，就很可能造成屈服的假象，别人就会从内心瞧不起我们；如果我们以牙还牙，用比较粗鲁的话谩骂和反驳对方，难免有失风度。这个时候不妨用柔中带刚的幽默语言来化解对方的攻击，这样做，不仅能够让自己摆脱尴尬，同时还能提升个人的人格魅力，更重要的是能把摩擦降到最低，给交谈的双方都带来宽松愉悦之感。

面对善意的责难，我们应该保持一个平静的心态，万万不可表现出愤怒。怒火中烧，烧坏的只是自己的大脑，很可能会让自己下不了台。在这个时候，最好运用幽默的回答或者反问来应对这些尴尬的问题，既给自己一个台阶下，也可以缓解一下紧张的情绪，同时免得祸及不相干的人。

作家欧希金在他的《夫人》一书中写到了美容界知名人士卢宾丝坦女士。有很多人对书中描写的这位女士感到不满意，在一次聚会中，有一个人不断地攻击欧希金，说他写这种女人是对法兰西民族感情的侮辱，因为她的祖先是烧死圣女贞德的执行者，别人听后都替欧希金捏了一把汗。欧希金苦笑着说道："烧死贞德的事情总该有个人做，但是你现在差不多就快把我给烧死了。"那位客人听了，便识趣地离开了，聚会又恢复了原有热闹和融洽的气氛。

当人与人之间发生矛盾的时候，应该多用一些幽默的"润滑剂"，而不要把事情搞得越来越僵。幽默的人往往通过几句轻松俏皮的话语就能使严肃的气氛变得轻松、活泼起来，不仅让自己摆脱了窘迫的处境，同时还传递了一份宽厚和善意，让那些对你有偏见的人迅速改变他们的看法。幽默说出的是语言，而表达的却是一个人的机智和心胸。

莎士比亚曾经说过："幽默是智慧的闪现。"一个人幽默的谈吐绝不是说话技巧的体现，而是和他的智慧有着很大的联系。面对别人的攻击，每个人都渴望用幽默的话语进行巧妙的反驳和化解。但是，幽默技巧的掌握，绝不是一朝一夕能够完成的，也绝不是背上几个滑稽的段子就能熟练掌握的，而是依靠深厚的文化底蕴和丰富的社会经验。因此，要想在别人的攻击中达到处变不惊、巧妙化解的境界，还需要我们不断地去增加自身的学识和社会阅历。

一语双关，巧妙地用风趣化解难堪

中国文字文化可以说博大精深，一个词语往往具有多义性。假如在说话中巧妙地运用词语的多义性，那么就可以达到出其不意的效果。所谓的一语双关，就是故意使用同一个词语或者同一句话，在同一个语言环境中兼有两层意思，利用语言的多义性，使得言语不仅包含表面意思，还包含深层的含义，而这个词语背后的意思才是说话者的真实意图。通俗地讲，就是表面上说的是这件事，实际上是指另一件事。这对于提升语言的艺术色彩有着非常重要的作用，可以使讲话简单明了，又含蓄自然、幽默风趣。

清朝乾隆年间，有位科场失意而又自命不凡的秀才，在雁荡山麓开了一间私塾。正值阳春三月，雁荡山的水看起来清澈见底，秀才兴致盎然地去游山玩水。在去雁荡山的路途中，他巧遇了一位美丽的村姑，对其心动不已，想上前打趣一番，便作了个上联："竹茂林深，叫樵夫如何下手？"村姑一听，知道这位秀才心怀不轨，便对出了下联："水清石见，叹渔夫自作多情！"听了村姑的话，秀才不知好歹，又出了上联："桃杏李梨，看琼芳如何结果？"听到这样的讽刺，村姑岂能退让，马上对出："稻麦薯椒，问杂种什么先生？"听了这样的话，秀才明白是自讨没趣，马上溜走了。

在这里，秀才与村姑的对联均是一语双关，所谓言在此，意在彼。虽然，外人听不出其中的真意，但对于他们本人而言，却是十分明白。中国的汉语自古就有许多"修辞"，又由于汉语语音中一音多词以及语法缺乏形态变化等特点，一语双关的辞格一直是一种常见的修辞方式，有着层出不穷的趣谈。

乾隆皇帝 70 大寿的时候，纪晓岚是侍郎，和珅是尚书，两人都是寿宴中的头面人物。在迎接乾隆的队列中，和珅与纪晓岚走在一起，列于诸位大臣之间。忽然，队伍行进中有一侍卫牵一条狗从旁边经过。和珅看见了，笑着看了看纪晓岚，然后指着那条狗说："是狼？是狗？"大臣刚开始不明白这话的意思，后来看到和珅笑得极其狡黠，马上领悟了其中的含义，然后都随之大笑起来。

纪晓岚是何等聪明的人，他自然明白其中的意思，于是，很谦恭地说："回和大人，尾巴下垂是狼，上竖是狗！"听了纪晓岚的话，和珅黯然无语，悄然离去。而诸位大臣转而冲着和珅的背影笑个不停。

在这个小故事中，和珅的那句话"是狼？是狗？"一语双关，其真实意思是"侍郎是狗"。这就是利用谐音双关暗中转换语意，这样说来明显是在骂兵部侍郎纪晓岚。对这样的攻击，纪晓岚急中生智，先是称呼"和大人"，然后再回答"尾巴下垂是狼，上竖是狗"，可以说以其人之道还治其人之身，表面上看是一个陈述句，但其实却是一个感叹句"尚书是狗"。在生活中，类似的一语双关还有很多，除了寓意含蓄之外，还可以带给我们不一样的乐趣。

避实就虚，用幽默的方式反驳对方

在现实生活中，并不是处处都是阳光灿烂；交际场合中，也不可能永远都是一团和气。我们每一个人都可能会在毫无准备的情况下遇到别人的指责或非难。当这些荒谬或者错误的意见袭向你的时候，你就会感到非常别扭，尊严也会受到伤害。面对别人侮辱性的语言或者荒谬的观点，我们不能采取沉默，而是要给予有力的反击。在反驳别人的时候，选择用幽默的方式往往是最有力的。

有一个倒卖香烟的人来到一个城市。有一天，他在这个城市的广场上大肆宣传抽烟的好处，市民们被他那天花乱坠的口才说得频频点头，纷纷准备掏钱购买他的香烟。这时候，有一位老人从听众之中走到台上，让这个卖烟的人大吃一惊。

老人在台上站定后，便大声地对台下的人们说道："女士们，先生们，关于抽烟的好处，除了这位先生讲的之外，还有 3 个最重要的好处呢！"这位卖烟的人听了，喜上眉梢，连忙向这位老人表示感谢。他说："谢谢您了，老先生。看您的相貌不凡，肯定是一位学识渊博的人，就请您把抽烟的三大好处介绍给在场的朋友们吧！"

老人咳嗽了一声，清了清嗓子，说道："第一，抽烟的人会让狗感到害怕，一见就逃；第二，抽烟的人会让小偷感到恐惧；第三，抽烟者永远不老。"

台下的人听了，纷纷张大嘴巴，发出惊讶的声音，并且都竖起耳朵等待这位老人接下来的发言。这位卖烟的人更是喜不自胜，就不停地催促这位老人继续说下去。

老人摆了摆手，示意观众们安静下来，他说："大家少安毋躁，请听一下我的解释。"卖烟的人格外兴奋地说："老先生，请您快讲。"

"第一，抽烟的人大部分都是驼背的，狗一见到就以为他在弯腰捡石头打它哩，能不害怕吗？"台下哄然大笑起来，商人顿时吓了一跳。

"第二，抽烟的人夜里睡不安稳，总爱咳嗽，小偷听见了，就以为他没睡着，所以不敢去偷他家的东西。"观众们听了又是一阵放声大笑，那个卖烟的人大汗淋漓。

"第三，抽烟的人没有几个长命的，所以没有机会衰老。"观众们终于听明白了老人的意思，给予了他热烈的鼓掌。等老人说完之后，大家发现那个卖烟的人不知道什么时候溜走了。

抽烟的危害是众所周知的，只不过人们早就厌倦了那些说明书式的解说。这位老人不赞成那个卖烟人的荒谬理论，用比较幽默的话语对其进行了有力的反驳，既有一针见血之效，又躲过了商人言语中的攻击，而且让在场的观众们对抽烟的危害有了更加深刻的认识，可谓"一箭三雕"。

用幽默的语言进行反驳，其可贵之处就是既能不露锋芒，又具有超常的杀伤力。当我们面对一些荒谬的意见或者是让我们无法再用平淡的心态去接受的观点时，就有必要对他们进行有力的反驳。

含而不露，用幽默的方式避免不愉快

在幽默的修辞中，含而不露的幽默是颇具风采的。在语言沟通的过程中，含蓄是一种美妙的言语。含蓄的表达是一种语言的艺术。有时候，幽默含蓄的语言还能够帮助我们避免尴尬，看似很简单的语言，却说出了问题关键。比如，丘吉尔曾经说"英国在许多战役中都是注定要被打败的，除了最后一仗"。足以见得，含蓄语言表现出来的力量。

有一天，有位客人来喝酒，才喝了一口，便叫："好酸！好酸！"老板听后大怒，不由分说，把客人绑起来，吊在屋梁上。这时又来了一位顾客，问老板为什么吊人，老板回答："我们店的酒明明香醇甜美，这家伙硬说是酸的，你说该不该吊人？"来客说："可不可以让我尝尝？"老板殷勤地给他端了一杯酒，客人呷了一口，酸得皱眉眯眼，对老板说："你放下这个人，把我吊起来吧！"

在日常交际中，为了避免不愉快的事情发生，说话应该讲究技巧，比如，故意说一些与本意相似或相关的事物，含蓄地表达原来直说的话。含蓄幽默的表达方式，很容易达到有效交流、沟通思想的目的；含蓄幽默的语言，也更容易被别人所接受，更能表现出对别人的尊重。这位客人幽默含蓄的表达方式，既是一种强烈的讽刺，又缓和了气氛。

有时候，含蓄幽默的表达方式显得很诙谐，比如，当你对卖鱼的小贩说"你的鱼儿告诉我，它已经离开大海很久了"时，这会让小贩在领悟之余多了一些微笑。如果你直接说"你卖的是什么鱼啊，都发臭了"，那么肯定会引起一场争吵。

避开锋芒，用幽默的方法婉转拒绝

在交际过程中，我们免不了被别人问一些问题。但是很多人都有这样的体会，别人对你提出了某个尖锐问题，出于理智的考虑应该拒绝，但是出于某种交际的缘故，直接拒绝又会破坏彼此之间的愉快气氛，而且也有损我们的形象。不可否认，我们不希望因为拒绝回答问题而使交谈陷入困境，使对方感到不快。因此，我们有必要避开对方问题的锋芒，谨慎应答，既达到避免回答问题的目的，又不使对方感到难堪。

罗斯福成为美国总统前，曾在海军担任要职。一天，一位朋友问起海军在加勒比海一个小岛建立潜艇基地的计划。

罗斯福向四周看了看，压低声音问："你能保密吗？"

"当然能。"

罗斯福笑着说："你能我也能。"

有时候，面对一些你不想回答的问题，你可以顺势诱导，巧妙地拒绝对方。罗斯福先是顺势诱导，再巧妙地拒绝，他明确地表明了不想回答这个问题，不想把秘密告诉那位朋友。

有时候对方所提出的问题有一定的合理性，但由于某些原因又无法予以回答。此时你可以用肯定和否定并用的方法，先肯定对方问题的合理性，然后再拒绝其提出的问题。这种语言表达形式经常是转折关系的复句或句群。

《世说新语》里有这样一个故事：大将军钟会慕名去拜访名士嵇康，嵇康自顾打铁，不理睬钟会。钟会站在一旁看了一会儿准备离去。见钟会要走，嵇康就问："何所闻而来，何所见而去？"钟会答曰："闻所闻而来，见所见而去。"

有时候，我们面对别人的提问，不想回答，就可以采用重复已知信息的方法拒绝。钟会的回答重复了嵇康问题中隐含的信息，这就是一种有礼貌的、委婉的拒绝。

用讽刺的幽默缓解局面

"以谬制谬"，简单地说，就是当对方说出错误的言论时，不要去纠正他，而是顺着对方的错误言论，推出错误的结果。一旦结果呈现在对方面前，对方的错误言论也就不攻自破了。这种方法的巧妙之处在于，对方主动开口承认自己的言语是错误的，对论敌来说，无疑是自己打自己的耳光。当然，正因为如此巧妙，这种方式通常会在辩论中发挥强有力的作用，让对方没有办法还击，只能哑口无言。

楚庄王钟爱一匹马，这匹马穿的是华丽锦缎，住的是华丽房屋，睡的是床铺,吃的是切好的干枣。后来这匹马死了,楚庄王决定用棺椁装殓它,以大夫的礼仪来厚葬它。大臣们议论纷纷,都认为楚庄王的做法很不妥。楚庄王不听众人的劝解,说谁敢再为葬马的事情劝说他,就要杀头,群臣都不敢再劝了。

这时,楚国的乐官优孟大哭着走了进来。楚庄王问他为什么哭,优孟回答说:"这匹马是大王最喜欢的,就凭楚国这样大的国家,有什么事情办不到?大王却只用大夫的礼仪来安葬宝马,太不够档次了,大王应该改用人君的礼仪来葬马。"楚庄王问:"怎么样用人君的礼仪葬马呢?"优孟说:"臣请求大王用雕饰过的玉做棺材,派甲士挖穴,让老人和孩子背土。齐、赵两国陪侍在前面,韩、魏两国护卫在后面。庙堂祭祀用太牢为祭品,封给万户大的地方作为它的奉邑。"

听到这里,楚庄王觉得这种方式好像太过分了,优孟见时机已经成熟,便下结论说:"诸侯听到了这件事,都知道大王您轻视人而重视马。"楚庄王一听,马上说:"寡人的过错竟到了这种地步吗?太不可思议了,我该怎么办呢?"优孟笑着说:"请大王将这匹马当作一匹普通的牲畜来埋葬吧,在地上挖个土灶,用铜铸的大鼎作为棺材,赏赐它姜枣,再用木兰树的皮铺在棺材里,用粳米做祭品,用大火炖煮,将它埋葬在人的肠胃里。"楚庄王觉得优孟说得在理,于是叫人把马交给了宫里主管膳食的官员。

楚庄王要给马办丧事,这本来就很荒唐,而将马的葬礼办得跟大夫的葬礼一样简直就是胡闹。但在楚庄王自己看来却不觉得有什么过错,因为他太爱那匹马了,面对楚庄王如此的决定,大臣们如何反驳呢?这时优孟先不指出楚庄王的错误,而是顺着他的想法,推出一系列结论,让楚庄王意识到自己的想法是荒谬的,而优孟则达到了"以谬制谬"的目的。

我们在使用"以谬制谬"这个论辩方式时,应注意哪些问题呢?"以谬制谬"的方式只针对对方的言论是荒谬的,假如你明明知道对方的言论是正确的,还使用这个方法,那无疑是给自己难堪,因为你所推出来的结论会证明你的言论是错误的。

即便发现对方的言论是极其荒谬的,也不需要说破,而是先假设对方的观点是合理的,然后将对方貌似合理的论点加以引申,推出一个明显错误的谬论。以其人之道还治其人之身,有力地驳倒对方的观点,这样的反击才是大快人心的。

第七章

笑对人生：幽默可以瞬间将烦恼转化为快乐

用幽默的态度看待暂时的失败

在漫长的人生道路上，每个人都难免与逆境狭路相逢。很多人畏惧逆境带来的动荡和痛苦，但从长远看，时常有些小挫折，反而更能使人保持头脑清醒，经受得住考验，也更能磨砺人的意志。

幽默的人相信失败是成功之母。失败和成功在一定条件下是可以相互转化的，正因为曾经有失败，所以才能在不断总结失败的教训后获得成功。如果一个人一直都被成功包围，那么，偶尔一次小小的失败对他来说可能就是一次相当残酷的考验，失败可能就会如影随形。

幽默中渗透着坚强的意志。有幽默感的人往往是一个奋力进取的人。他们面对失败的打击、恶劣的环境，能够抱着幽默的态度，从而做到自强不息。发明家爱迪生就是一个善于以幽默的态度对待失败而又不断进取的人。

爱迪生在发明电灯的过程中，关于灯丝材料的试验失败了 1200 次，总是找不到一种能耐高温又经久耐用的金属。这时有人对他说：“你已经失败 1200 次了，还要试下去吗？”

“不，我并没有失败。我已经发现 1200 种材料不适合做灯丝。”爱迪生幽默地说。

爱迪生就是利用幽默的力量，从失败中看到希望，在挫折中找到鼓舞。这就是这位伟大的发明家获得非凡成就的诀窍。有时候，面对失败，我们的意志不坚定，信心可能会不足，而适时的幽默可以帮助我们避免这一点。

有人打网球打不过他的朋友，他就可以幽默地对他的朋友说：“我已经找出问题在哪里了，我的嗜好是网球，可我得到乒乓球俱乐部里去学习。"

他也可以说："咱们打个平局，怎么样？我不想处处赶上你，你也别想超过我。"

这种幽默不是自欺欺人，也不是要我们像鸵鸟一样在看到危险的时候把头埋进沙子里，这种幽默可以在我们遇到困难的时候有效地防止我们的意志滑坡，还能在会心一笑中拉近我们同他人的心理距离。

经常保持幽默，会有良好的状态

说幽默可以减轻病痛，也许你认为有点夸张，不过据美国芝加哥《医学生活周报》报道，美国一些医院已经开始雇用"幽默护士"陪同重病患者看幽默漫画及谈笑，他们把这种方式作为心理治疗的方法之一。因为幽默与笑声，往往可协助病人解除一些病痛。

在实际生活中，当你患病、住院或遭受意外伤害时，幽默的确能够帮助你减轻痛苦。即使在最简单的情况下，幽默也能够帮助你改变生病时的烦闷心情。这一点你可以向下面这位生病的老妇人学习，她在幽默的诉说中减轻了自己的痛苦，也宽慰了朋友。

有一位老妇人在雪地上滑了一跤，不但左臂骨折，更让她痛苦的是肩关节脱臼，但她还是能够笑着对朋友说："如果你有机会滑跤，宁愿跌断手臂，也要护住你的肩膀。"

的确，疾病对人造成的打击并不小，但一个有超脱、潇洒生活态度的人却不会因此而失去生活的希望和欢乐。

幽默和笑是密不可分的，"笑"是幽默的产物。自古以来我国就有这样的谚语："笑一笑，十年少""笑口常开，百病不来"。有这样一个故事，正是印证了这些谚语。

"古代有一位巡抚，长期患有一种精神忧郁症，看了许多医生，都未见效。一天他因公坐船经过山东台儿庄，忽然犯了病，地方官员随即推荐了一位当地有名的老医生为他治疗。医生诊脉后说：'你患了月经不调症。'巡抚一听，顿时大笑，以为他是老糊涂了。以后他每想起此事，就要大笑一阵，天长日久，他的病竟自己好了。过了几年，这位巡抚又经过台儿庄，想起那次犯病之事，特意来找老医生，想取笑一番。老医生说：'你患的是精神忧郁症，无什么良药可治，只有心情愉快，才能恢复健康，我是故意说你患了'月经不调症'，让你常常发笑。'"

人们常说"病由心生"，看来心情不好确实能够影响健康。最新的医学研究也发现，笑口常开也可以防治传染病、头疼及高血压等病，可以减轻过度的压力。因为幽默的笑声，可以增加血中的氧分，并刺激身体的内分泌系统，对抵抗病菌的侵袭有很大帮助，而不爱笑的人，患病概率较高，且一旦生病，也常常是重病。

生活经验和科学研究都证明，身体健康的重要保证是"心乐"。有健康的心理，才会有健康的身体。幽默常在，精神开朗，身体就容易康复；反之，如果忧愁悲伤，萎靡不振，疾病就会乘虚而入。

附：《祛病歌》

人或生来气血弱，不会快乐疾病作。

病一作，心要乐，心一乐，病都祛。

心病还须心药医，心不快乐空服药。

且来唱我快乐歌，便是长生不老药。

幽默是最好的减压良方

现代社会的环境瞬息万变，生活节奏急剧加快，因而现代人时常感受到一种莫名的心理压力和焦虑，而幽默是最好的"减压阀"。它不仅能使你的心情变得轻松愉悦，而且有助于你在交际中左右逢源、事业成功。不少有眼光、有见识的公司经理、董事长，都喜欢选用那些能自我解嘲、改善环境、创造欢乐气氛的人。因为这些人容易取得人们的信任，人们也就乐于接受他们的看法和他们推销的产品。

英国著名的天文学家詹姆斯·布拉法莱，被任命为英国格林尼治天文台台长时，英国女王看他的薪水低，要给他增加薪水，他恳求说："如果这个职位可以带来大量收入，那么以后从事这个工作的将不再是天文学家了。"

这句不乏幽默、语重心长的话语，是这位科学家数十年饱经沧桑的阅历的总结，他目睹了人间无数的兴衰荣辱，研究了金钱对人们的腐蚀，才得到了这个有趣的、富有哲理性的结论。

意大利著名作曲家罗西尼听人说，他的一批有钱的爱慕者准备在法国为他建一座雕像。感动之余，他问道："他们准备花多少钱？"

"听说是 1000 万元吧。"

"1000 万元！"罗西尼大为吃惊，"如果他们肯给我 500 元，我愿意亲自站在雕像的底座上！"

从上述两个例子来看，詹姆斯·布拉法莱的幽默，似乎对英国格林尼治天文台台长的职位很看重，而罗西尼的幽默又貌似看重 500 元，然而实际上他们却分别表达了天文学家和作曲家对职位和雕像的"淡漠态度"。正是出于对金钱的轻视，布拉法莱才会有这等幽默；同样，如果罗西尼没有这样的谦恭，而是对用 1000 万元做雕像欣喜若狂，也绝不会有如此这般幽默的。

用幽默的态度看待成绩和荣誉

许多很有成就的人物都因使用了幽默语言，泰然对待荣誉而成为典范。

有人问做出过不平凡业绩的林肯对于当总统的感受，林肯说："你一定听说过一个故事，有个人被全身涂满焦油并且插上羽毛，然后装到火车上被运往外地。人们问他感觉如何，那个人说要不是为了这个荣誉，他宁愿下车步行。"

美国著名小说家福克纳在 1949 年获诺贝尔文学奖时的演说中说道："我感到这份奖金不是授予我个人而是授予我的工作的——授予我一生从事关于人类精神的呕心沥血的工作。我从事这项工作，不是为名，更不是为利，而是为了从人的精神材料中创造出一些从前不曾有过的东西。因此，这份奖金只不过是托我保管而已。为这份奖金的钱找到与奖金原来的目的和意义相称的用途并不难，但我还想为奖金的荣誉找到承受者。"

一位女友到居里夫人家做客，忽见她的小女儿正拿着英国皇家协会刚奖给她的一枚金质奖章玩，不禁一惊，忙问："居里夫人，这样一枚极高荣誉的奖章，你怎么能给孩子玩呢？"居里夫人却笑了笑说："我是想让孩子们从小就知道，荣誉就像玩具，只能玩玩而已，绝不能永远守着它，否则就将一事无成。"

这正体现出契诃夫说的："对自己不满足，是任何真正有天才的人的根本特征。"

鲁迅先生也曾说过一句名言："哪里是什么天才呢，我连别人喝咖啡的时间都要用在我的工作上。"

这些名人、伟人，由于他们都以幽默的力量、淡泊的态度来对待自己的荣誉，所以他们的形象在人们的脑海里是不会被轻易替代的。

在我们普通人身上有许多成功者对荣誉也能泰然处之。

黄先生在一家公司负责秘书科的工作，并且在工作中颇有成绩。前不久，他所在的公司与另一公司合并，而他却在人事变动的波浪中沉浮不定。新的同事对他了解不多，因此同事关系冷淡如水。直到有一天，黄先生运用了幽默的力量，使人际关系得到改善。他说道："他们不敢把我革职。"接着，他又解释说，"因为凡事我都远远落在人后。"听着，大家都开怀地笑了。就这样，黄先生对自己过去的成绩和荣誉泰然处之，拿自己开玩笑，正是幽默帮助他和同事们建立了友善、合作的关系。

幽默的力量足以鼓励他人

幽默，最重要的是能够帮助我们解除工作中的紧张状态，并且能够解决生活中的难题。

在一个大城市的市郊，有一家颇具规模的化工厂，他们终年生产一种化学产品，从烟囱里排出了大量的烟和灰尘，使邻近的几家企业饱受烟和灰尘之苦。在一次接连加班生产的时候，隔壁一家工厂的厂长半开玩笑地说："你们生产这么忙，如何处理这些烟和灰尘呢？"化工厂的厂长也半开玩笑地说："我们打算将烟筒加高二分之一，与此同时，我还将向包装厂订制一个特大的塑料袋，并用直升机把袋子吊到烟囱的上空罩下来。"两位厂长说完一道哈哈大笑起来，他们各带幽默的话语，使他们互相取得了谅解，紧张的关系便渐渐地缓解了。

当我们跟别人开玩笑，同别人一同笑的时候，幽默就在互相之间得到了交流。我们应当把轻松愉快、诚恳坦率、同甘共苦的态度送给他们。只要我们稍稍留意，就会发现我们的工作中存在着许多不易为人察觉的幽默故事。在工作中，有时我们需要坚持自己的观点，过分的忍耐对工作并没有好处，所以除知道息事宁人之外，在某种情况下适当地抱怨几句，对解决问题更有利，特别是你心中憋着一大堆话时，当然不要忘记采用幽默的方式。

职工、师生抱怨食堂伙食差，还有人骂了食堂负责人，可这位负责人风趣地说："耶稣用五个饼和两条鱼就能让众人吃饱，真不可思议，可我们这里每天已有 30 种菜，5000 斤米饭，1500 个包子，现在不知都哪里去了？"

著名导演希区柯克在执导一部影片时，有位女明星老是向他提出摄影角度问题，她左一次右一次地告诉希区柯克，一定要从她最好的一侧来拍摄。"很抱歉，我做不到！"希区柯克回答，"我们拍不到你最好的一侧，因为你把它放在椅子上了。"在场的人都笑弯了腰。

上级与下级之间的幽默交流应当有利于工作的进展，否则就是无聊的玩笑了。明智的人会注意将幽默引向促进工作的轨道上，这样的例子层出不穷：

"我们的销售量在图表中上升到了前所未有的高度，不过这图是倒过来看的。"销售科科长说。

"秘书说我这个人过于固执，因为我说过每个字只能有一种写法。"秘书科科长感叹道。

利用幽默的力量去鼓励别人，帮助他们取得更大的成就，你可以把重大的责任托付给别人，减轻你的负担，以便你更主动、更自由地发挥你的创新精神，在事业上有所建树。

用诙谐幽默揭示社会的丑恶

幽默有一个特殊的功能——讽刺丑恶现象，这就是"匡正时弊"。

古往今来，封建迷信坑害了不少人。有一些对联以幽默诙谐的语言进行讽喻、劝诫，读后令人捧腹，下面试举几联。

某座财神庙里有这样一副对联，上联是"只有几文钱，你也求，他也求，给谁是好？"下联是"不做半点事，朝来拜，夕来拜，使人为难！"联语以财神的口吻嘲笑了那些坐等钱财的懒汉。

杭州万松岭下也有一座财神殿，庙宇破败，财神菩萨泥土剥落，但香客依然络绎不绝。于是有人在财神殿两侧撰写了一副妙趣横生的对联，上联"我若有灵，也不至灰土处处堆，筋骨块块落"，下联"汝休妄想，须知道勤俭般般有，懒惰件件无"。

即使在今天我国改革开放深入发展的形势下，由于旧社会遗留下来的种种弊端尚未根除，也产生了一些丑恶现象。因此，运用"匡正时弊"法的幽默来揭露、鞭笞这些丑恶现象，仍显得十分必要。

如石河先生把某些名片称为"明骗"：

无声唱片，特种炮弹——谁想成名，它能包办：要挂多高的衔，就挂多高的衔；要当多大的官，就当多大的官；要发多肥的财，就发多肥的财；要露多红的脸，就露多红的脸。名片——明骗，小纸一张，威力无限。

杨翰端先生的"贬值谣"把大锅饭中的怪象讽刺了个够：

年过四十算"青年"，短训三月算"大专"，工龄熬满算"教授"，照书抄录算"考卷"。领导拒贿算"新闻"，退出占户算"模范"。质量低劣算"名优"，不骂顾客算"笑脸"。唱个歌儿算"歌星"，拉笔赞助算"导演"，乱凑词语算"诗人"，挂个虚名算"主编"。两篇短文算"作家"，别人配音算"演员"，戴顶帽子算"著名"，出本庸书算"经典"。

……休道贬值处处有，难得糊涂闭只眼，你好我好他也好，最香还是大锅饭……

人们对种种不合理的社会现象，为什么要用幽默的"匡正时弊"法加以讽刺鞭笞呢？主要是因为人们对此恨之已极，深恶痛绝，直接抨击或咒骂已难解心头之恨，"悲极生乐"，于是产生了用讽刺打油诗等形式来宣泄情绪的方式。

轻松幽默的话会让短暂的坏情绪消失

以笑来面对日常生活中那些可以引起我们不快的小事情，会眼看着不快的情绪消失。借着幽默你就可以把琐细的问题摆在它适当的位置，和你整个生活相比，它就显得微不足道了；你也能借此帮助身边的朋友们轻松地面对困难，会使他们重振精神。

以天气为题材，说个笑话。

"气象预报说今早会降大雾。今天早上我的邻居跨出前门，现在他正在大雾中打捞他的身体。"

"我办公室里冷得要命，办公桌椅不得不装上防雪轮胎。"

"如果再来一季这样恶劣的寒冬，我就要退休了。我要在车顶上绑一把铲雪的铲子，然后朝南驶去，一直开到有人指着铲子说：'那东西是干什么用的？'我才会停下来。"

对太潮湿或太干燥的天气做趣味的解释，试试看说说这样的故事。

一个初到美国新墨西哥州的游客，问当地一个皮肤被太阳晒成古铜色的居民说："难道你们这里从来不下雨？"

这位居民想想，然后反问："你还记得诺亚方舟的故事里是如何说当时连下 40 昼夜大雨的吗？"

"当然记得。"游客回答。

"那个时候啊，"这位新墨西哥人说，"我们这里才只有一英寸的雨量。"

当你在超级市场的结账出口或银行排长龙的时候，是和其他人一样等得焦躁不安呢，还是拿出你的幽默力量来与他人分享？

"这是自然的法则,我没去排的那一队总是动得快些!"

"速度快不一定是最好的。否则的话,兔子早就来统治这个世界了。"

在超级市场排队时可以说:"我买了一条比目鱼,但是排队排了这么久,现在我买的可是一条比目鱼的鱼干了。"

在打保龄球、钓鱼、打网球、划船、打桥牌——任何一种无法充分享受闲暇时间活动的时候,都可以拿来作为幽默的题材。以打高尔夫球为例,你可以说:

"政坛上的竞争教给我们曲解事实的人不只是钓鱼的和打高尔夫球的而已。"

高尔夫球员问他的球童说:"你觉得我这场球打得如何?"

"不错。"球童回答说,"不过我还是比较喜欢高尔夫球本身。"

"我的医生说我不可以打球。"一位球员说。

同伴听了说:"哦,他一定跟你打过球。"

职业高尔夫选手尼可拉斯,有一次问职业棒球选手奥隆:"你算是哪一等的高尔夫球员?"

"打棒球时,我总共花了17年才击出3000次球。"奥隆回答说,"但是在高尔夫球场上,只一个下午就击出这样多的球数。"

似乎高尔夫球比其他球类运动更能启发人的幽默力量。关于这方面的笑话、趣谈很多,但是其他运动和消遣活动也都有表现幽默的时候。

透过幽默的力量,能帮助我们坦然承认我们有时也会怀疑自己或对自己没有安全感,而不致把它看得太重。然后我们能够除去疑虑,强化自我观念,扎稳人生的根基。

同时,我们无须担心过于坦诚开放,因为我们能深信自己的缺点、背景,以及过去或现在的环境,无论是好是坏,都会比我们试图掩饰逃避来得好。

第八章
陌生相见：幽默能消除陌生感

幽默让社交场合其乐融融

在现实社会生活中，社交活动已经扩展到了各个场合。在某种程度上甚至可以说，凡是有人类生活的地方，就有社交活动。同样地，凡有社交活动的地方就少不了幽默。

一次社交活动中，卓别林不停地用手驱赶着围着他乱飞的苍蝇。然后，他拿起一个苍蝇拍，可拍了半天也没拍着。最后，有只苍蝇停在他面前的桌子上。他举起拿着拍子的手，准备狠狠地打死它。可是，他的手忽然停在半空中，直直盯着那只苍蝇。

"赶紧打死它呀！"一个人急了。

"它不是刚才侵犯我的那只。"卓别林耸耸肩沮丧地说。

卓别林真不愧是幽默大师，日常生活中的一举一动，都显得与众不同。按照常人的做法，一拍子拍下去，打死苍蝇，无任何可笑之处。妙就妙在，卓别林拉开架势以后突然变卦，引人发问，再说出一个似是而非、似非而是的理由，让人忍俊不禁。

从社交礼仪角度来看，幽默的运用不仅会令人产生许多温馨的感觉，还能给人留下较为深刻的印象。

一位先生去看望一位小姐，保姆却对他说："不好意思，我家小姐要我告诉你，她不在家。"

那位先生很淡然地说："没有什么。你就告诉她，我并没有来过就可以了！"

故事里这个聪明的先生就是采用了一种幽默处理法，以善意的话语说出了自己的心情，并且对女孩避而不见的做法表达了不满。可以想象，当这位小姐听到这种客气的答话时，肯定会忍不住走出来与他见面的。

在现实社会中，每个人的人生态度都是不一样的，形形色色的人走在各自不同的人生道路上，形成了各自不同的人生观、价值观。应该提醒大家的是，要想潇洒地面对人生，就少不了幽默，这对任何人来说都不例外。

有人说，幽默是一种艺术，能够增进你和他人的关系。在现实生活当中，赞扬需要幽默，而指责更需要幽默，因为幽默能使指责传达出善意。

如果双方意见发生了分歧，其中一方的当事人用幽默的语言来暗示、责备，即使是调侃式的、半宽容的幽默语言，也能正确无误地表达出自己的责备之意，并且还不会伤害到对方。这说明用幽默的方式传达给对方之后，对对方产生的作用并不完全在于这是些什么话语，而在很大程度上在于你给对方的是一种什么样的感觉。

在社交场合，用幽默讲讲笑话是可以的，但也要视具体环境、对象与氛围而定，注意把握分寸，采取适当的形式来表达出合适的幽默，才能收到好效果。

在现实生活中，有很多事情都会令人无所适从，通过一般的方法也是难以解决的。此时，人们可以采用幽默的方式，将自己所有的不满与不快都包含在幽默的话语中。

用幽默还可以化解困境，回答比较疑难的问题，维护自己的利益，捍卫己方的尊严，而又不伤害对方的面子，这是其他方法难以媲美的。

幽默可以让聊天变得更加自然

美国心理学家赫布·特鲁说："幽默可以润滑人际关系，消除紧张，减轻人生压力，使生活更有乐趣。它把我们从个人小天地里拉出来，使我们一见如故，寻得益友。它帮助我们摆脱窘迫和困境，增强信心，在人生的道路上知难而进。"

幽默是一种十分奇妙的沟通力，只要在沟通中融入幽默元素，那么这次沟通就是令人愉悦的。或许，我们不知道，幽默能够帮助我们建立良好的沟通力，从而帮助我们解决生活中的一些难题。一个卓越的沟通家或许不是最会说话的人，但是，他们却善于运用幽默，通过幽默的表达方式，能够让听众更容易接受他所表达的意思。

王蒙不单单是一个作家，还是一个出了名的幽默大师，在他的许多文学作品中都蕴含着幽默、诙谐、辛辣、豁达的语言。

有一次，王蒙应邀到上海某大学演讲。当时，台下同学的积极性并不是很高。于是，风趣的王蒙便以幽默的方式开了头。他这样说："由于我这几天身体不太好，感冒咳嗽，不能多说话，还请大家谅解。不过，我想这不是坏事，这是在时刻提醒我——多做事少说话……"

王蒙这句幽默的开场白立即把台下同学的情绪调动起来。于是，台下的同学纷纷竖起耳朵，打起精神来听王蒙的讲座。在整个演讲过程中，他诙谐的语言不断，台下的掌声也不断。

当王蒙提到读者与作者的关系以及如何更好地把握一部作品时，在台下同学看来这是一个多么严肃的话题，但王蒙却以风趣的语言做了这样的解说："……我希望大家在评论一部作品时，不要轻易下结论，要反复地多读几遍，读懂，读透。千万不要像有些人那样，看到我走路先迈左脚，就说王蒙犯了'左'倾主义；看到我先迈右脚，又说王蒙犯了'右'倾主义；如果我因为感冒咳嗽用手绢擦了擦流出的鼻涕、眼泪，他就喊'王蒙现在又沮丧、颓废啦'……"

听到如此犀利、生动的诙谐语言，充满了幽默感，台下同学的热情被点燃了。在王蒙结束演讲之后，许多同学还不舍得离开演讲的会场，多想再听他讲一次。

在日常交际中，幽默就像必不可少的调味剂。朋友聚会，或结伴旅行，在大家都感到疲惫或长时间静坐无语时，气氛让人感到沉闷和难受，此时，假如一个充满幽默感的人说了一句笑话，就一定可以改变当时的气氛，从而给人们带来快乐，让人们暂时忘记疲惫和烦恼。若是在朋友聚会中适当开个玩笑，那也可以营造一种活跃气氛，让彼此的友谊更加坚固长久。

懂得幽默的人在人际关系中更受欢迎

我们毫不怀疑幽默的力量。幽默可以让你像明星一样受欢迎。"人生无处不销售"，我们每个人不仅要把自己推销出去，而且要卖出一个"好价钱"，让大家欣赏你、肯定你、欢迎你，想要认识你，希望跟你做朋友。当然，如果你正好是一个富于幽默感的人，那你就可以享受明星般的待遇了。

某大学植物系有一位植物学教授，他教的尽管是比较冷门的课程，但是，几乎每堂课教室都爆满，甚至许多同学愿意站在走廊里旁听。当然，并不是因为这位教授具备的知识有多渊博，而是在于他的幽默感风靡了全校，使得越来越多的同学喜欢上他的课。

有一次，这位教授带领学生们去一个原始森林进行校外实习。这一路上，他们看到了一些叫不出名字的植物。学生们好奇地问教授，教授都一一解答。

听着教授详细的讲解，一位女同学忍不住停下脚步，对教授赞叹："老师，您的学问好渊博！什么植物都了解得这么清楚！"

这位教授回过头来，眨了眨眼睛，笑着说："这就是我为什么故意走在你们前头的原因。只要一看到不认识的植物，我就'先下脚为强'，赶紧踩死它，以免露怯！"

学生听了都笑得前仰后合。

在课堂中，他常常开个小玩笑，幽默一下，而这就是他广受学生欢迎的原因。

事实上，一个人将严肃放在一边，幽默起来，那他必将成为受欢迎的人。

有一次，英国首相丘吉尔去视察一个部队。由于刚下过雨，路很滑，他在临时搭起的台上演讲完毕下台阶时不小心摔了一个跟头。士兵们从未见过首相摔跟头，都哈哈大笑起来。陪同的军官惊慌失措，不知怎么办才好。

没想到，此时丘吉尔微微一笑，说："这比他刚才的一番演说更能鼓舞士兵的斗志。"

最后，的确如丘吉尔所戏言的，士兵们对首相的亲切感、认同感油然而生，他们更坚定地听从首相的命令，英勇战斗。

不管你是善用幽默化解尴尬，还是善用幽默制造气氛，只要你是具备幽默感的人，那就是受欢迎的人。因为幽默的人是快乐的，他所能带给我们的也是快乐，而谁也无法拒绝快乐。

幽默也要张弛有度

对于善用幽默的人而言，幽默的元素信手拈来。不过，这样的能力并不是每个人都有的。我们要想在日常交际中有效地使用幽默,那就需要具备一定的智慧,比如,一个才疏学浅、举止轻浮、孤陋寡闻的人是难以生出幽默感来的。

幽默应该具备这样一些能力:渊博的知识和深刻的社会经验,敏锐的洞察力和丰富的想象力,积极乐观的心态,良好的文化素养,良好的语言表达能力。即便具备了这些能力,幽默也不是你想用就能用的。幽默是人际交往的润滑剂。我们更应该恰当地运用幽默,以让彼此之间的沟通更加顺利。

萧伯纳在青年时已经学会了如何使用幽默。不过,因为他总是滥用幽默,出语尖酸,大家一听他说话,便有一种难受的感觉。

有一次,一位朋友在散步时对萧伯纳说:“你现在常常出语幽默,不错,非常风趣。但是,大家认为,如果你不在场,他们会更快乐,因为他们都感到自己比不上你。有你在,大家便都不敢开口了,你的才干确实比他们略胜一筹,但这么一来,朋友们将逐渐离开你,这对你又有什么益处呢?”

听了朋友的话,萧伯纳醒悟了。他慢慢地改掉了滥用幽默的习惯,从而变成更受欢迎的人。

幽默也是有“禁区”的,不得滥用幽默。幽默是我们生活中的调味剂,它可以让我们的生活更加有滋有味。不过,即便再好的调味剂也不可滥用,就好像我们生活中经常用到的盐,适当放可以让菜肴更加美味,若是放得太多则会令人难以下咽。因此,只有我们恰当地运用幽默,才可以最大限度地发挥它的功效。

有一次,小王看见女同事穿着一身漂亮的新衣服来上班,就开玩笑说:“今天准备出嫁吗?”

其实,这是一句赞美之词,只是说得调侃了一点。

令小王没有想到的是,女同事听到这句话时,怒不可遏:“你骂人!难道我离婚了?难道我丈夫不在了?”接着,她又是谩骂一通。

小王万万没有想到,自己颇为得意的幽默竟然被人家当成不堪入耳的污言秽语,导致如此难堪的结局。

小王百口莫辩,只好道歉了事。后来,小王每当说到这件事情都会苦笑不已。因为那位女同事还到处说小王是一个“二百五”。

看了这个故事,你应该明白:幽默不是对谁都可以用,幽默不是随处都可以用。没有幽默感的人是可悲的,而幽默选错了对象,同样是可悲的。

当我们想幽默一下时，首先，应选择内容健康、格调高雅的话题，这样不仅能给对方启迪和精神的享受，而且可以塑造自己美好的形象。其次，我们还应该保持友善的态度，开玩笑的过程，其实就是互相交流感情的过程，假如借着开玩笑对别人冷嘲热讽，即便你表面上占了上风，但也会给别人造成一种不被尊重的感觉。最后，我们开玩笑时，还需要注意区别对象，同样一个玩笑，你可以对这个人开，但不一定适合对那个人开，因为每个人的身份、性格、情绪各不一样，他们对玩笑的承受能力也不尽相同。

通常情况下，作为后辈不应该与前辈开玩笑，下级不宜与上级开玩笑，男性不宜与女性开玩笑。假如我们只是同辈之间开玩笑，那就需要掌握对方的性格特征与情绪。假如对方性格外向，善于容忍，即便玩笑开过了也可以得到对方的谅解；假如对方性格内向，开玩笑就需要慎重。总而言之，我们需要恰当地运用幽默，这样才能尽情绽放幽默的魅力。

用幽默改善邻里关系

与人见面时，用幽默代替握手可以获得意想不到的效果。特别是初次见面，恰当的幽默可以使自己更加有趣、机智、平易近人。幽默还能给双方带来许多话题，使得双方在没有任何拘谨的环境中谈天说地，交流思想。

王先生和刘先生楼上楼下而居，因为两对夫妻都是工薪族，平日上下班时间不一，偶尔乘电梯相遇时仅仅点个头，连交谈的机会都没有，只是知道有这么个邻居存在而已，并没有什么特别的交情。

其实，双方都深知"远亲不如近邻"的道理，但是，习惯了寒冷的街道，有些无可奈何。然而，自从某个机缘让这对邻居大笑之后，情况就完全改变了。

有一段时间小区出现垃圾处理问题。由于公共垃圾场的租约已到期，原业主因为私人因素坚持不肯续约，一时间大小马路边垃圾堆积如山，臭气熏天。

这天刚好是假日，王先生和妻子乘电梯下楼碰到了刘先生和他的妻子。刘先生勉强挤出一丝笑容以"垃圾问题严重"为题跟王先生寒暄了一下。王先生也趁机打开了话匣子，他故作神秘地说："我家从来没有垃圾的困扰！"

刘先生夫妇听了十分诧异，并立即询问其原因。王先生回答说："很简单啊，只要每天早上刻意地将垃圾包装得整整齐齐地放在大楼门口摩托车的后座上，一会儿垃圾包自然消失。"

刘先生和妻子听了不禁大笑出来。笑让他们之间的距离拉近了。从此以后，两家就熟络了起来。

邻里之间，幽默是必不可少的。平日里抬头不见低头见，总是板着脸说话，会让生活变得凝重，根本无法促进彼此间的感情。所以，用幽默代替握手，用幽默的话语与邻里交谈，无疑可以产生微妙的效果。

幽默这门艺术同其他严肃、庞大的学科相比，也许是微不足道的。但是，正如学生需要有老师来培养一样，我们的生活需要用幽默来滋养。如果没有笑，这个世界会毫无生气——没有人愿意生活在寂静和恐怖的世界里，因为那里没有快乐。

托马斯·卡莱尔曾说："你的幽默是你以愉悦表达自己的方式。它表达的是你的真诚、善意和爱心。"会心地一笑，可以迅速缩短人与人之间的距离。

以幽默来打招呼，则是有力地表示我喜欢你，我们之间有着可以共享的乐趣。心理学家凯瑟琳也说过："如果你能使一个人对你有好感，那么也就可能使你周围的每一个人，甚至是全世界的人，都对你有好感。只要你不是到处与人握手，而是以你的友善、机智、风趣去传播你的信息，那么时空距离就会消失。"

懂幽默的女人魅力值很高

幽默的语言往往能产生"四两拨千斤"的力量，从而取得举重若轻的效果。在与人交际的过程中，你看穿了别人的想法但又不便于直说时，不妨使用幽默的语言，相信这肯定能达到预期的交流效果。

幽默的语言能够帮助女性与他人建立和谐融洽的关系，赢得他人的支持与欣赏。在生活中，一个女人无论从事什么工作，无论身处何种地位，都免不了与人交往。而幽默的语言则是交往中的一把金钥匙，它不仅能帮助女性更好地与他人进行有效的沟通，还能大大地提升她们的形象魅力以及展现她们的靓丽风采。

有人说："幽默是一种人生态度。"幽默的语言能使紧张的气氛顿时变得轻松活泼，能让他人感到善意，让对方更容易接受你。幽默本身就是一种令人愉悦的特性，一旦女人拥有了这种特性，就会变成最受欢迎的女人。

聪明女人要想在交际场合给人留下一个好印象，就要善于运用幽默的语言，无论处于什么样的交际场合，幽默的语言都是我们用心积累的。你要明白，一个面带怒容或神色抑郁的女人，永远不会比一个面带笑容、说话风趣的人更受欢迎。

一句得体俏皮的话，能够立即缩短你和对方之间的心灵距离，并获得他人好感；几句应付难题的机智回答，会让自己摆脱困境，并展示美好的自我形象，获得对方的赞美。

一次，一位女钢琴家在美国迈阿密的福林特城演奏，结果发现到场的观众不到五成。这让她既失望，又尴尬。但是，她并未因此取消演奏，而是以幽默的语言打破了僵局。

女钢琴家微笑着走上舞台，对前来的观众说："我想这个城市的人一定很有钱，因为我看到你们每个人都买了两三张票。"

话音一落，大厅里立即充满了笑声。

这位女钢琴家的幽默就在于她对空座位的解释虽然荒诞，但却很奇妙。如此幽默的语言表达让观众少了沮丧，多了喜悦。有时候，说话荒诞一些，风趣意味就会强一些。在日常交际中，我们可以通过场景来发挥幽默语言的表达技巧，开个机智、有哲理的玩笑，目的就是增加你对对方的亲切感。

一个女人，可以不漂亮，可以不可爱，可以不时尚，但必须学会幽默。如此一来，你才能进入更多人的视野中，才能更好地展现自我，被更多的人所熟知和欣赏。幽默的语言是一个女人致命的吸引力，与这样的女人交谈，无论多久，你都不会厌倦，因为你在交谈过程中感受到了前所未有的愉悦。

有幽默感的人让身边的人都感到开心

幽默往往用使人愉悦的方式表达人的真诚、善良和大方，它就好比架设在人与人之间的桥梁，有效地拉近了人与人之间的距离，消除了人与人之间的隔阂。

当然，我们不能过分地夸大幽默的作用，但幽默最大的特点就是能够使人感到快乐，不是吗？幽默是人类独有的特质，是智慧的体现，因为它可以化解许多人际间的冲突或尴尬，可以化怒气为豁达，同时还会给身边的人带来许多快乐。那些善于用幽默表达的人走到哪里都会受到欢迎，因此我们说，幽默可以缩短人与人之间的距离。

幽默是什么？幽默就是快乐，无比的快乐。幽默带给我们最多的就是快乐，生活中，只要我们稍微动动脑筋，可以说人生处处充满了幽默，处处充满了欢声笑语。幽默的力量，不仅仅是化解困境，更关键的是在化解尴尬的同时能带给我们快乐。人生就好比一张白纸，我们可以乐观地在这张白纸上画出美丽的图画，也可以悲观地画出沉闷的基调，只要我们心怀阳光，乐观积极，那我们就会用幽默来驱散内心的不快，把自己变成一个无比快乐的人。

一位年轻人骑着新买的摩托车在大街上闲逛。不料，"咣当"一声，那崭新的摩托车撞上了小轿车，幸好人没事。

小伙子一边查看那辆崭新的摩托车被撞后的残骸，一边对围观的人说："唉，我以前总说，有一天能有一辆摩托车就好了。现在我真有了一辆车，而且真的只有一天。"

围观的人听了，都哈哈大笑起来。

在这个小故事中，对这位年轻人而言，自己的摩托车被撞已经是无法挽回的事情了，但天性乐观的他并不把这件事放在心上，而是善用幽默的力量，这样既减少了自己的痛苦和内心的不愉快，同时还给围观的人带来了快乐。

幽默有机智、自嘲、调侃、风趣等特点。幽默不仅能给我们带来快乐，同时还可以消除敌意，缓解摩擦，化解矛盾。那些富于幽默感的人，通常会拥有好人缘，他们能够较快缩短人际交往的距离，从而赢得对方的好感和信赖，而那些缺乏幽默感的人，则会在一定程度上影响交往，而且会使自己在别人心目中的形象大打折扣。

幽默的人，更容易令人亲近

也许你的长相并不能吸引人，也许你还不是一个成功人士，没关系，这些都不影响你成为一个幽默的人。先幽默起来，幽默会给你带来亲和力，而对于有亲和力的人来说，距离成功大多不会太远。

跟气势压人的演说相比，它可能缺少言语上的磅礴；跟语重心长的说教相比，它或许没有正襟危坐的严肃；跟风花雪月的辞藻相比，它绝对不会无病呻吟地哀叹……幽默，虽然不过是几个诙谐的手势、几句机智的话语，然而，它却能够有春风化雨的魔力，能使紧张的气氛轻松起来，使陌生的心灵瞬间亲近。

跟幽默风趣的人聊天，大家会觉得非常轻松愉快，气氛融洽。朋友聚会，因幽默者而红火热闹；面对严肃的上司，幽默下属语出诙谐，松弛其拉长的面孔；面对拘谨的下属，幽默上司妙语解困，缓和其紧张的心情；枯燥的会议，因幽默的职场达人而谈笑风生。即便是参与紧张的商业谈判，在激烈的讨价还价之余，适时来点儿幽默，对顺利地达成协议也大有助益。

幽默的人，更容易令人亲近；幽默的人，使接近他的人有机会享受轻松愉快的气氛；幽默的人，能为自己的人生增添更多的光彩。反过来，一个不苟言笑、缺乏幽默感的人，其人际关系通常会大打折扣，人们见了他也会敬而远之。

学校里一位新来的老师要上观摩课，听课的除了有第一次见面的学生，还有学校教务处的领导。

为了消除彼此之间的陌生感，老师在讲课之前先做了一个自我介绍，他说："我来自美丽的沿海城市深圳，我姓钱，不是'前途'的'前'，是'没有钱'的'钱'。"

一句幽默的开场白瞬间把同学们和在场观摩的老师们给逗笑了。老师跟大家的距离也因此缩短了许多。

随后，老师抑扬顿挫，娓娓道来，课堂上时不时传出愉快的笑声和热烈的掌声，大家如同久别重逢的老朋友，一见如故，教学效果也非常不错。

幽默具有极大的包容力和亲和力，它不仅可以给人营造轻松和谐的氛围，更可以迅速缩短人与人之间的心理距离，达到人我交融的美好境界。

抗战胜利后，张大千准备从上海返回四川老家。

临行前，众好友设宴为他饯行，并特邀梅兰芳等人作陪。宴会伊始，大家请张大千坐首座。

张大千说："梅先生是君子，应坐首座，我是小人，应陪末座。"

梅兰芳和众人都不明白他的意思。

张大千解释道："不是有句话'君子动口，小人动手'吗？梅先生唱戏是动口，我作画是动手，我理该请梅先生坐首座。"

满堂来宾为之大笑，并请他俩一起坐首座。

张大千自嘲为小人，表面上看是自贬，实则"醉翁之意不在酒"，这句幽默的解释既表现了张大千的豁达胸怀，又营造了宽松和谐的交谈氛围。

幽默是一种智慧的表现，拥有幽默感的人到哪里都受人欢迎。它不仅能化解许多人际关系中的冲突或尴尬，还能给别人扩大其思维的余地，以便有机会反躬自省。幽默的神奇之处，在于它可以使人怒气顿消，雨过天晴，可以带给别人快乐，缩短人与人之间的距离。

第九章
职场处世：幽默能让同事和谐相处

幽默是职场中的空气清新剂

兰卡斯特大学组织心理学教授卡里·库珀曾说："懂得在恰当时逗一逗乐，能让人们知道你很坦诚、可爱，不是什么像机器人一样的技术专家，如果你仔细观察他们，会发现许多首席执行官都知道应该什么时候打出幽默这张牌。"

在日常工作中，要让大家开心，同时让大家喜欢自己，那最简单的办法就是让他们发笑。不可否认，在工作场合，幽默有助于我们的职业发展。

幽默是影响他人的绝妙方法，也是营造和谐办公室最有效的空气清新剂。有时候，忙碌了一天，身体已经疲惫不堪，假如这时同事面面相觑不说话，那办公室里肯定充满着严肃而窒息的气息，这时不妨开个玩笑，说几句幽默的话，自然会为办公室营造良好的工作环境。

一天，宋晓宏公司所在写字楼的电力系统出了故障，办公室陷入一片黑暗，楼道里不停地冒白烟。闻到异味后，各公司的人都冲了出去，个个紧张兮兮，不知如何是好。

一位物业公司员工灵机一动，向各公司职员发放健康手册，以此转移大家的注意力。

一会儿，宋晓宏公司的美国老板从办公室里冲了出来，问宋晓宏发生了什么事。宋晓宏扬了扬手中的自救手册，答道："我们正在研究自救手册，看看在危难情况下怎样保护自己。"

老板和同事们都被他逗得大笑。笑罢，老板又问："为什么不给我一本呢？"

宋晓宏接着说："我会马上为您翻译的。"

工作中，各种无法预料的事件层出不穷。当大家因某事感到无聊和紧张时，你不妨说两句幽默的话调节一下气氛。一方面，让同事和上司都感受到你的幽默风趣、平易近人；另一方面，让上司特别注意到你，给其留下一个不错的印象。当然，这种幽默要把握好尺度，千万不要让其他同事觉得你在讨好巴结上司。

公司有一位中年主管，风度翩翩，是不少女职员的梦中情人。在公司，有一个女孩喜欢与这位主管套近乎，引得同事们议论纷纷。

对此，总经理希望秘书可以提醒那位主管一下。秘书接到这个任务，犯愁了："这事儿叫我怎么开口呢？"

有一天，总经理、秘书和主管在办公室聊天。那位女孩兴冲冲地推门进来，看见总经理也在，觉得十分尴尬，就悄悄地退出去。这时，主管也感觉浑身不自在。

过了一会儿，秘书好像插科打诨一样，念了一句苏小妹给秦少游出的对联："闭门推出窗前月。"总经理悄悄瞄向主管，只见那位主管若有所思，片刻后接了句"投石击破水中天"。

然后他接着说："这秦少游还得感谢苏东坡呢！"顿时，秘书和主管相视而笑。

职场中的幽默就好像空气清新剂，不仅能活跃气氛，给工作带来乐趣，还可以巧妙化解矛盾，传递信息，从而使彼此之间的关系更加和谐融洽。苏小妹考新郎的一个对联，委婉地表达了对主管的提醒，而主管也含而不露地接受了。当然，从那以后，主管开始注意自己的言行，把苗头扼杀在萌芽状态。

最近，办公室里所有人上班特别容易犯困，每个人的精神状态都不佳。

经理见状，把职员们召集到厂区的操场上，要求每位员工都围着操场跑6圈，用来提神解困，增强体质。

小王平时就缺乏体育锻炼，当跑到第4圈时，他已经累得上气不接下气。小王壮着胆子向经理撒谎："报告经理，我都已经跑9圈了，为什么还不让我停下来啊？"

经理故作惊讶地说："是吗？那怎么办？我怎么好意思让你吃亏

呢？那这样，你现在立即向后转，再跑3圈，这叫多退少补！"

这位员工原以为自己撒谎就可以停止跑步了，结果没想到经理幽默了一句"我怎么好意思让你吃亏呢"。试想，在这样的情况下，即便小王再没力气跑下去，心情也会大好的。幽默，可以为我们营造一个良好的工作氛围，在愉快而轻松的气氛中，大家还会觉得工作枯燥吗？

幽默的自我介绍会助你赢得好感

在日常工作中，不管是初入职场，还是与客户见面，我们做得最多的就是自我介绍。如何别开生面地介绍自己，给领导和同事留下一个深刻的印象，这才是自我介绍的重点。当然，我们一定不能拒绝幽默的介绍方式。两三句幽默而诙谐的语言，不仅是特别的自我介绍，而且很容易吸引他人的眼睛，容易被人记住。因为你的幽默，他们会记住你的名字，以及你身上风趣的品质。

诙谐幽默总是让我们快速拉近与陌生人之间的距离。不论在什么情况下，只要具备幽默的品质，我们就一定能出类拔萃，成为受欢迎的人。

星期五下午，小张去参加了一个面试。不知道是忘记了还是因为什么其他原因，小张面试时竟然穿着休闲牛仔裤。经过口语听力测试、电脑水平测试之后，美国面试官的表情似乎在告诉小张："我非常满意。"

然而，那位美国人突然说："请问你为什么穿牛仔裤来参加面试？"

小张愣了一秒钟，急中生智，快速答道："今天不是周五吗？周五不是便装日吗？"

那位美国人听罢哈哈大笑，小张自然顺利地得到了那份工作。

当我们初入职场时，面试是一个很关键的环节，而面试中的自我介绍则是重中之重。假如我们在面试的时候幽默几句，可能有助于我们顺利通过面试。比如，有人去一家大公司应聘一个很不错的职位，结果把简历寄去了大约两周，对方就将抱歉信发给了他，或许是由于系统错误，对方连发了两封抱歉信。这个人毫不犹豫地回了一封信："既然您对未能录用我如此遗憾，为什么不给我一次面试机会呢？"可能是如此诙谐的回复逗乐了对方，后来这个人竟然得到了这个公司另一个更好职位的面试机会。有时候，幽默的自我介绍，可以帮助我们在职场之路上走得更远、更稳。

有位老师微胖，在接手新班级后，自我介绍说："我最大的特点就是能够超水平地发挥带头作用。出门时，你们跟在我后面，夏天晒不着太阳，冬天吹不到冷风。怎么样，欢迎我这个带头人吗？"

又如，有位老师很矮，他就对学生说："我一无所长，却身不由己，但民主意识很好，与同学平起平坐，绝不会高高在上，小心我会借你的漂亮小衣服来穿。"

还有一位姓梁的老师，他每到一个新的班级，就会在黑板上写下"梁""粱"两个字，让下面的学生说说这两个字的区别，等学生说完，再介绍自己姓梁，是栋梁的梁，让他们别把这个字写成高粱的粱，把老师当粮食给吃了。

老师新到一个班级，要想和同学们马上打成一片，就应该借助于幽默的自我介绍。在上面所列举的3个案例中，老师以极度夸张的手法来嘲讽自己的某种缺点，在学生面前主动自嘲体现了老师心灵的豁达和乐观，同时也用幽默缩短了与学生的心理距离。

在日常工作中，我们需要自我介绍的场合有很多，如第一次见领导、初次见同事以及会见客户等。虽然，这只是一个简单的自我介绍，但它将会影响到日后你在办公室里的人际关系。假如我们在做自我介绍时能融入几句幽默诙谐的语言，那自然会令人耳目一新，适时打动在场的人。

幽默会让你获得同事的好感

同事就是伙伴，和同事相得如何，直接关系到能否做好工作。如果同事之间关系和谐，就能让大家保持愉快的心情，有利于工作的开展；如果同事之间关系紧张，矛盾重重，就会影响正常的工作秩序，严重的还能阻碍事业的发展。

幽默可以帮助人们在工作中和同事之间建立融洽的关系。一个人若能跟同事分享快乐，就能赢得同事的好感和信赖，从而获得同事在工作中的帮助，更容易实现自己的职业目标。即使一个人与其他同事并不志趣相投，对于快乐与欢笑的分享，也能让这些工作伙伴体验到心灵的默契。

西方有句谚语说"在仆人眼中没有伟人"。同理，在同事眼中也没有完人。同事身上可能会有这样或那样的缺点，这是正常的，就如同你自己身上也有一大堆缺点一样。

然而，有很多人只去挑剔同事身上的缺点，却忽视了同事的优点。有些人一旦抓住同事的缺点就进行讽刺挖苦。这种做法千万要不得。

张大猛人如其名，长相有些"猛"。由于青春期时长过痤疮，他的脸上留下了许多疤痕。

有一天，一位同事神秘兮兮地跟另一个人说："嗨！你来看一张图片，猜猜他是谁？"

大家凑过来一看，原来是一张橘子皮的图片。

有人明白了他的用意，便大喊："你拿张大猛的照片干吗？"全屋爆笑。从此，张大猛就有了一个绰号"橘子皮先生"。张大猛既委屈又恼火。

公司总经理觉察到这件事，便对大家说："最近有人说张大猛是橘子皮，同事之间怎么能这样说呢，太不照顾同事的情绪了。我宣布一件事，从现在起，你们再谈到他的长相时只能说'张大猛，他长得很提神'。"

一个真正懂得幽默风趣的人，总能发现同事的优点，并让自己对同事的行为保持一种乐观积极的态度，而非着眼于同事的错误与缺点。我们应该敞开自己的胸怀，去宽容、接受同事的小缺点和小错误，让彼此的关系更加融洽。

一般来说，很难看到同事优点的人，在工作中不会太顺利。在职场上，我们应该对同事宽宏大量，即便同事的身上有很多缺点，但这些缺点是他个人的问题，并没有对公司的利益以及你的发展构成威胁。

假如一个人善于体谅与宽容他人，那么他就会更关注同事身上的优点，能和同事更好地相处，他的工作就会相对轻松。但在现实中，同事之间总会发生很多矛盾，其实这往往就是由"宽于律己、严以待人"造成的。

阿雅和小玲是多年的同事，两人隔桌而坐，情同姐妹，彼此也很默契。尽管如此，但有时也难免发生冲突。

有一次，为了处理上司交代的项目，两人有不同意见。在无法协调的情况下，她们居然发生严重的口角，彼此冷战，形同陌路。

到了第五天，阿雅实在忍受不了这样的工作气氛。为了打破僵局，趁小玲也坐在座位上时，她翻箱倒柜，把办公桌的抽屉全部打开来东翻西找。

后来，小玲终于开口说话："喂，你把所有抽屉打开了，到底在找什么？"

阿雅看看小玲，幽默地说："我在找你的嘴巴和声音啦！你一直不跟我说话，我都快活不下去啦！"

两人扑哧一笑，重归于好。

具有个性化幽默口才的人，会对同事的行为着眼于它的光明面上，而不是着眼于它的错误和缺点。不管事实真相如何，我们应该了解并接受人性的小错，并借助幽默增进同事间的工作关系。

有一次发薪水时，小赵的工资卡里面居然分文没有。当然，他没有像一般人那样气得暴跳如雷，或者破口大骂。

他只是跑去问财务部门的人："怎么回事？难道说我的薪水扣除，竟然达到了一整个月吗？"

当然，小赵一分不少地得到了薪水。

小赵对同事偶然犯的小失误持一种宽容的态度，而没有把它看成一件了不得的大事，批评谩骂同事的愚蠢。借助幽默的方式，他跟同事分享了愉快的果实，这恰恰是不为所动、处之泰然的幽默能够收到的效果。

巧用幽默口才来跟同事沟通，以建议的方式来取代批评，对工作上出现的问题，用轻松的心态和你的同事一起面对。那么，你和你的同事才会融洽。假如我们以尖刻的批评去对待一位没有处理好工作的同事，就会造成失败的局面。那位同事会丢失他的自信心，而我们会失去他的信任，得不到应有的支持。只有"以对方为中心"，了解他人，时刻不忘幽默，才能真正打开沟通的途径。

一个宽容的人，别人都喜欢接近他，他由此能获得更多的支持和帮助。在职场竞争日益激烈的今天，有个好人缘是非常重要的。职场最讲究团队合作精神，身为其中一员，必须有全局意识。假如一个人遇事不够宽容，就会给他人留下目光短浅和心胸狭窄的印象。那种只看重眼前利益的短视之人，在现代职场上是不可能有大作为的。

幽默是工作中解压的法宝

由于当今社会竞争异常激烈，工作压力已经成为职场人士的主要压力，若能处理好，压力就有可能转化成动力，但若处理不好，就会让人心烦意乱，并失去工作积极性，那么压力就会成为阻力。为了提高工作效率，让工作变得更轻松，我们需要自我调节，来缓解工作压力。

幽默是自我调节方法中非常重要的一种，它能帮人缓解紧张情绪，驱逐挫败感，并能解决各种复杂问题。

有这样一家人，他们的家族专门从事危险的行业——用炸药爆破建筑物。可以想象到干这一行心理上会有多紧张。然而，这家人都很喜欢运用幽默来化解压力。

当记者和他们聊天时，他们就会讲一些荒谬的故事。有一次，面临一项大爆破工作，新闻记者来采访这个家族中的一员，问他怎么处理飞砂和残砾。他一本正经地说："我们跟一家生产包装袋的公司特地定制了一个巨大的塑料袋，然后直升机会在大楼上空把它扔下来。"

记者被逗得笑弯了腰。正是这些笑声，他们缓解了内心的紧张。

用幽默来缓解工作压力，会比一些抽象的理论更有效果。通常，与同事开几个玩笑，也可以缓解工作中的压力。

有两位来自不同保险公司的业务员，他们争相夸耀各自的保险公司付款有多快多及时。第一个说，在意外发生当天，他的保险公司就能把支票送到被保险人手里。

"这算得了什么！"第二位打趣地说，"我们公司所在的大厦有40层高，公司在23楼。有一天，有个投保人从大厦顶楼跳下来。当他经过23楼时，我们就把支票递给他了。"

与同事互开玩笑，和工作伙伴们在一起笑时，不但能缓解自己的工作压力，也能帮同事保持轻松的心境。

其实当人们负责的工作种类繁多，并且头绪纷杂时，就很容易由于工作压力过大，而产生烦躁不安的情绪。这时，幽默就有用武之地了。

虽然幽默能帮人们缓解工作压力，但是，幽默也不是万能的。由于造成工作压力的原因多种多样，所以在缓解工作压力时，人们除了运用幽默外，还应学习并运用其他科学的减压方式。

有专家建议，对于经常加班的人来说，应该保证适当的睡眠，规律饮食，加强体育锻炼，比如选择一些强度小的活动，像散步、跳舞等，都能在一定程度上起到平衡心态的作用。

用幽默的方式表达自己的看法和建议

在职场中，下属时常需要向上司提出一些自己对所从事工作的看法，或者对项目发展、业务开拓的建议。在表达看法或者建议时，有些下属常常因为在语言表述方面的失当，让上司对自己颇有微词，从而致使自己的一些看法或建议很难得到上司的认可。更严重的是，还有可能使上司对自己产生一些偏见，使自己在单位中的处境越来越不乐观。

其实，下属对上司提意见也是一件非常需要技巧的事情。借助幽默向上司提意见是一种备受职场达人青睐的方法。

将军早晨来视察士兵时，顺便关心了一下士兵们的早餐。很多士兵都含糊其词地用"还行""可以"来回答。只有一位士兵带着满足的表情说："半片蜜黄瓜、一个鸡蛋、一碟火腿、一碗麦片粥、两个夹肉煎饼、一块面包，长官。"

将军疑惑地问他："国王的早餐也不过如此！"

这位士兵恭敬地回答："是的，长官，非常遗憾，这是我在餐馆吃的。"

将军在视察之后就下达了改善士兵伙食待遇的命令。

这位士兵很善于迂回地表达自己对军队伙食的不满，他那带有幽默俏皮的语言既令长官明白了那就是士兵想要的伙食标准，又令长官较易接受自己的意见，幽默就具有这样奇妙的力量。

金无足赤，人无完人，再优秀的上司也会出现工作失误，身为下属遇到这种情况时，通常有两个选择，要么装作没看见，要么给上司指出来。无论哪种选择，都应该让上司心悦诚服地认识到自己的失误，同时又不会感到丢了面子。

假如下属不能充分体察上司的心理变化，即便做的事对公司发展有利，万一遇到心胸狭窄的上司，就有可能在以后的工作中被"穿小鞋"。因此，巧妙地向上司指出其错误，也是职场的一门必修功课。

某公司的月销售额较差，在月底总结会议上，主管不断指责下属："就你们这种工作水平，怎么在市场上混？假如你们不能胜任这项工作，会有人来接替你们的！"

他还指着一名曾做过足球队员的新员工，问他："如果一支足球队总是失败，队员们就必须都被换掉，是不是？"

那位前足球队员沉默了一会儿，回答说："主管，通常情况下，假如整支球队都有麻烦，那大家会要求换个新教练。"

这位主管面对销售额差的事实，非但不主动从自身找原因，还对属下大声呵斥，这是很不公平的。这位员工巧妙地用自己的经历来做比喻，间接地指出了主管存在的不足，令其对自己的行为有所反省。假如他直接反驳主管，不仅可能起不到任何作用，甚至还有可能搞僵与上司之间的关系。

在职场中，我们不妨用幽默来表达自己的看法和建议，特别是在需要我们向上司提意见和建议时，更要这样。唯其如此，我们才会走得更远，得到更好更快的发展。

好心情会让工作效率变高

幽默是一种生活智慧，幽默是一种人生艺术，幽默是人生的一种境界和心态。在实际工作中，我们常常因为压力而把脸绷紧，脸色严肃，甚至连笑容都很少看到。然而，这种状态真的对工作本身有益吗？大量事实表明，一个懂得幽默的人，他平时的心情往往要比那些板着脸的人轻松得多，因为幽默带来的欢乐可以把那些不顺心的事情都冲淡。因为幽默可以让他经常保持愉悦轻松的心情，自然，他承受的工作压力就会小很多。

最近，公司里来了一批90后见习员工。这些初涉职场的人，真是初生牛犊不怕虎，好像什么都懂，什么话都敢说，什么玩笑都敢开，给原本死气沉沉的办公室带来几分生气。经常一番哄笑之后，大家就以更饱满的热情投入工作中去。

那段时间正好是央视《百家讲坛》开讲《苏轼》。两个同事闲聊时，其中90后小何插话了："苏轼，我知道，他又叫苏东坡。"

一旁的小顾来劲了，他讥笑着说："又来了，你肚子里的东西倒蛮多嘛，那我考考你，'三苏'是说的哪三个人？"

这时，小何脱口而出："爸爸叫苏联，儿子叫苏东坡，女儿叫苏格兰。"

几位同事面面相觑，不等他们缓过神来，小顾笑骂道："低能啊，苏家都跑到英国去了。"

小何不甘示弱："你连这都不知道啊！苏格兰就是大名鼎鼎的苏小妹。"

同事们再也忍不住了，哄堂大笑。尤其是看到小何一本正经的模样，真不敢相信他开玩笑竟然到了这种程度。

在忙碌的工作中，人们的身心是疲惫的。对于大多数上班族而言，很少有时间让自己身心轻松一下，假如与同事用幽默调侃一下，让欢笑驱散身心的劳累，放松一下内心，就可以让我们原本繁复的工作变得简单。在工作中，我们少不了适当的幽默。

早上，老周在看报纸。不一会儿，他放下手中的报纸，议论起来："总说交通紧张，为什么不修几条运河，一条从四川到新疆，一条从云南通往江南……"

在旁边的同事说："老周，听了您的高见，使我们更加具体、更加深刻地理解了一个成语。"

老周不解："什么成语？"

同事回答说："信口开河。"

坐在旁边看文件的科长听完，愣了一下，随之带头哈哈大笑起来。顿时，整个办公室洋溢着愉悦的气氛。

事实证明，积极的幽默可以使我们的工作环境变得轻松愉快。试想，我们在办公室的时间往往长达 8 个小时，而且人生的黄金时段基本都是在工作中度过的，假如每天都板着脸，郁郁寡欢，那工作还有什么乐趣呢？一旦对工作失去了愉悦的心情，那工作效率又怎么会提高呢？在日常工作中，我们所要求的不仅是完成工作任务，还需要较高的工作效率。所以，我们以什么样的态度去面对工作很重要，处于职场，我们要善于玩转幽默，以诙谐的语言将快乐带给每一位同事，让繁重的工作变得简单而轻松。

在工作中，同事间偶尔开个玩笑，幽默几句，甚至互相调侃几句，不仅不会影响工作，还会给人们带来笑声，而且也不会给工作带来什么影响。那是因为处于工作中的人都不愿意一整天待在沉闷的气氛中，偶尔幽默一下反而可以释放压力。幽默的人心情总是保持愉快的，他的工作效率总是比别人高，因为幽默让他卸下了包袱，轻松前进，自然他的工作压力就会小很多。

运用幽默轻松搞定客户

心理学家认为幽默是一种最富感染力、最具有普遍传达意义的交际艺术。我们从来不会否认幽默在人际交往中的作用，因为幽默会引人发笑，俗话说"笑一笑，十年少"，人们大都喜欢与那些富于幽默感的人交往，因为他们总能给人带来一种心灵上的愉悦和轻松。在日常工作中，当我们面对客户时，幽默的语言可以帮助我们得到客户的认可，从而促使生意的顺利进行。这是因为，在工作中生意本身会让客户对我们充满戒备与敌意，假如我们适当运用幽默的技巧，就可以消除客户的紧张情绪，从而促使整个洽谈过程轻松畅快，充满人情味。所以说，在生活中，那些富于幽默的人更容易获得客户的欢迎，赢得他们的信任，促使交易走向成功。

一位房产推销员正在对客户夸耀他的这栋住宅楼和这个居民区。他说："这片居民区特别干净，物业非常负责，小区里阳光明媚、空气清新，到处都是鲜花和绿草，疾病与死亡好像跟这里的居民无关。"

就在此时，远处走来一队送葬的人，他们哭声震天地从客户面前经过。这位推销员立刻对客户说："请看，这位可怜的人——他是这儿唯一的医生，没想到被活活饿死了。"

假如推销员对送葬队伍这件事没有一个合理的解释，恐怕客户很难将他先前的吹嘘当作一回事，还会对推销员的印象大打折扣，甚至对他介绍的房子产生怀疑。而推销员的随机小幽默恰好打破了自己所面临的尴尬，并使双方的交易能够比较平稳地进行。

雷宇是一位推销钢化玻璃酒杯的推销员。一天，他在很多客户面前进行示范表演。为了说明酒杯的经久耐用，他把一只钢化酒杯丢到地上。出乎意料的是，这只酒杯居然"啪"的一声摔碎了。

客户们都睁大了眼睛，搞不清楚状况，心想难道是产品不靠谱吗？雷宇的心里也"咯噔"了一下，但他马上恢复了平静，用沉着而诙谐的语气幽默地对顾客说："像这样的杯子，我是不可能卖给你们的。"

听了雷宇的话之后，大家都轻松地笑了，以为第一次砸碎杯子是为了跟下面的表演进行对比，先吊一下大家的胃口。场内气氛立刻活跃起来，雷宇乘机又扔了五六只杯子，都取得了成功。就这样，雷宇化险为夷，博得了顾客的信任，顺利售出了几百只酒杯。

雷宇之前没想到会出现这种失误，对于突如其来的状况只能随机应变。他巧妙地来了个顺水推舟，让突发的情况成为推销的一个环节，从而制造出强烈的幽默效果，实现了推销的目的。

在日常工作中，当我们与客户洽谈时，很容易出现难堪的场景，比如像案例中的这种情况，这时就可以用幽默的语言化险为夷，在紧急时刻恰到好处地运用幽默来帮助自己摆脱尴尬。富于幽默的人走到哪里就会把快乐带到哪里，假如你是一名幽默的销售人员，那么在整个工作过程中，将会给客户带来许多欢乐，让客户倍感愉悦。因此，在销售过程中，不妨适时地幽默一下，缓和与客户之间的紧张气氛，这样就能快速达到彼此合作的目的。

当我们使用幽默的方式与人沟通时，沟通的双方往往会处于一种轻松愉快的情景中，并且能够降低或放下戒备，从而以一种乐观舒适的心态，更加乐意倾听和理解对方。因此，当我们在与客户打交道时，幽默是建立信任、增进关系的最佳策略，假如我们可以让客户笑，那我们就能促成他们购买我们的产品。

假如我们第一次与客户见面，便毫无顾忌地开玩笑，就显得比较唐突了。但是，假如我们在面谈不顺利，没办法很好沟通的情况下，适当地幽默一下却是极为有效的"空气清新剂"，这可以缓和当时的难堪气氛，使面谈得以顺利进行下去。

当然，在面对客户时，我们可以适当说一些笑话，这样可以快速降低客户对我们的敌意，促使销售成功。不过，千万不要过分，假如掌握不好分寸，那就会给客户留下轻浮、不可靠的印象。我们在紧急情况下需要调侃时，不要拿客户的一些私人问题说笑，以免引得客户不快，使客户觉得我们不够尊重他。而且，幽默也是要分客户的，当我们打算轻松幽默一番时，最好分析一下客户是否喜欢幽默，假如我们遇到的是一本正经的客户，那就直截了当，而不是故作幽默。

第十章

朋友情谊：有分寸的幽默会让友谊长存

幽默在日常交际中起着不可替代的作用

在交际场合，我们的最终目的是与陌生人成为朋友，所追求的是一团和气，而不是争执、冲突。谁朋友比较多，谁就是最大赢家，多个朋友多条路。

俗话说："在家靠父母，出门靠朋友。"在交际场合中，假如我们可以多交一些朋友，经常与朋友谈心、聊天，这样就会慢慢地拓展我们的交际圈子，我们所了解的信息也就越来越多，而且在与朋友的相处过程中，我们可以他人之长补己之短。若是遇到了什么难过的事情，或遇到了什么重大的困难，身边的朋友也可以为我们出出主意。伤心难过的事情，可以找朋友倾诉；开心幸福的事情，可以跟朋友分享。

虽然这是众所周知的道理，但是却有不少人道出"交友难"的苦水，似乎自己并不差，但好像就是得不到别人的认可。这该怎么办呢？其实，交友难，难就难在交友的方法上，而幽默却是一种很有效的方法。即便陌生人见面了，假如能幽默一点，那气氛将变得十分活跃，双方之间的交流也会变得更加顺畅，还能为日后和谐融洽的人际关系奠定坚实基础。

有一个光头，别人说他："你理发不用花钱，洗头不用洗发水。"

他当场就生气了，变了脸，使原本比较轻松的环境变得紧张起来。

从这以后，别人看见他都不敢跟他开玩笑，身边愿意跟他说话的朋友也少了很多。

与此类似，结局却大不一样的是另一件事。

有一位经常参加演讲的教授，也是一个光头。当他站在讲台上时，说："一位朋友称我聪明，我含笑着回答'你小看我了，我早就聪明绝顶了'。"

随后，他指了指自己的光头，说："我今天演讲的题目是，外表美是心灵美的反映。"

就这样，这个光头教授开始了演讲，而他那几句幽默的话使整个会场充满了活跃气氛。

同样是光头，对于这样一个比较特别的外表形象，是很容易受到别人的嘲讽的，但他们所得到的认可为什么不一样呢？原因在于前面一位光头先生缺少幽默感。在日常交际中，友善的幽默可以表达出人与人之间的真诚、友爱，可以沟通心灵，拉近人与人之间的距离，从而跨越人与人之间的鸿沟。

交朋友是一个长期的话题，人的一生都会在不断交友中度过，每个时刻的朋友都会不一样，每一个环境的朋友也都不同，回忆一下，泛泛之交太多，而真心交流的朋友太少了。

有人看了很多交友书籍后却发现自己完全没有交友的能力，他觉得自己的书读错了，于是换了一堆书，结果某一天幡然醒悟，靠技巧交的朋友又有多少是真朋友呢？

在日趋疏远化的社会中，当你两个月不见好友，可能在路上彼此见了都忘记了长相，这种说法可能有点夸张，但在这种快餐式的生活方式中，很多交流越来越短暂，就像广告越来越短，而图书的文字也越来越少一样。

信息时代，对文字的运用让很多人的交友经验都异常丰富，来不得半点虚假，如果在文字中表现得幽默一点，就很容易让人们第二天继续跟你沟通，而表现得平淡一点，则会让人忘记你的相关事情。可以选一条幽默的短信，在平日里给一些好友发送，以保持沟通，如下面的这则短消息就很合适。

馒头和面条打架，馒头被打哭了，回家叫上花卷和包子去面条家报仇，结果这次是方便面开门，馒头说："你小子把头烫了，我也认得你！"

电话、微信交友也一样，幽默的语言是除了优秀的嗓子以外最吸引他人的地方。一个人喜欢跟你聊天的原因，或者是因为业务往来，或者是因为感情，或者是因为某种吸引力。

当我们变得幽默时，朋友就会越来越多，陌生人会成为新朋友，新朋友会成为老朋友。与新老朋友交流时，彼此之间没有交流障碍，可以谈天说地，聊过去有趣的事情、未来美好的愿望、工作中的成绩、家里的烦恼等。事实上，这些与朋友分享的过程，不仅能收获友谊，还能练就幽默。

幽默道歉可以轻松获得他人谅解

俗话说："智者千虑，必有一失。"一个人再聪明，再能干，也总有失败犯错误的时候。

著名军事家孙子曾说："过也，人皆见之；更之，人皆仰之。"在日常生活中，我们都不可避免地会做错一些事情，但是，做错了事情并不可怕，只要能够及时认识到错误并改正错误，以幽默的方式向对方"认错"，就会有效解开矛盾，缓解笼罩在彼此心头的怨气。

人们在交往时，有可能会说错话，有可能会做错事，这就难免会得罪他人，使原本和谐友好的人际关系出现裂痕。但是，在错误发生之后，如果我们能及时"认错"，语言委婉而风趣，主动承担责任，一般情况下，是能够得到对方原谅的。当然，假如你发现自己错了，却不愿意道歉，甚至处处找借口为自己辩解，这样不仅得不到对方的谅解，反而还会受到道德上的谴责。因此，我们不能小看了"认错"的作用，而且，我们还需要学会幽默地道歉，这样才更容易赢得对方的谅解。

卡耐基从家步行一分钟，就可以到达森林公园。他常常带着一只叫雷斯的小猎狗到公园散步。因为他们在公园里很少碰到人，这条狗友善而不伤人，所以卡耐基常常不替雷斯系狗链或戴口罩。

有一天，他们在公园遇见一位骑马的警察。警察严厉地说："你为什么让你的狗跑来跑去而不给它系上链子或戴上口罩？你难道不知道这是违法的吗？"

"是的，我知道。"卡耐基低声地说，"不过，我认为它不至于在这儿咬人。"

"你不认为！你不认为！法律是不管你怎么认为的。它可能在这里咬死松鼠，或咬伤小孩，这次我不追究。假如下次再被我碰上，你就必须跟法官解释了。"警察再次提出了警告。

卡耐基照办了。可是，雷斯不喜欢戴口罩，他也不喜欢这样做。

一天下午，他和雷斯正在一座小坡上赛跑。突然，他看见那位警察正骑在一匹棕色的马上。卡耐基想，这下可要倒霉了！他决定不等警察开口就先发制人。

他风趣地说："先生，这下你当场逮到我了。我有罪。你上星期警告过我，若是再带小狗出来而不给它戴口罩，你就要罚我。"

"好说，好说，"警察回答的声调很柔和，"我知道没有人的时候，谁都忍不住要带这样一条小狗出来溜达。"

"的确忍不住。"卡耐基说，"但这是违法的。"

"哦，你大概把事情看得太严重了，"警察说，"这样吧，你只要让它跑过小山，跑到我看不到的地方，事情就算了。"

卡耐基使用了一个口才幽默策略，风趣地进行自责，再加上先发制人，率先批评自己，这使对方有一种被尊重的感觉。因为，当卡耐基风趣地责备自己的时候，警察已经呈现出宽容的态度。如果我们免不了要受到责备，为什么不自己"幽默"地先认错呢？至少，谴责自己总比挨别人批评好受得多。当你清楚地知道对方即将责备你的时候，不妨先幽默地把对方责备你的话说出来，这样一来，对方一定会以宽大、谅解的态度来对待你。

幽默而巧妙的道歉，能够挽救友谊危机，化解尴尬气氛，继而巩固友谊，推进新的人际关系的发展。

当然，我们在认错时，需要注意当发现自己说错话或者做错事情时，就要及时认错，认错越及时越有效果，我们很难想象在几十年后才说"对不起"会发生什么事情。当然，认错的最佳时机还应该选在双方都心平气和时，这样对方更容易接受你的道歉。

此外，认错并不是等对方开始责备再道歉——这时，你已经激起了对方的怒火。因此，我们需要先发制人，率先批评自己，再加上风趣的言语，这样对方就不好意思再责备你，也会宽容你。

朋友之间隐私不可开玩笑

谁都有自己的秘密，都有一些藏在心里不愿让人知道的事。当和朋友闲聊时，即使你们感情再好，也不要去揭别人的伤处，或是将别人的隐私公布于众，更不能以此当笑料。要知道，当你说出了别人的隐私，你可能是说者无意，但听者却是有心啊！这样就会树立一个自己不知道的敌人。

一位茶馆老板的妻子结婚刚刚两个月就生了一个大胖小子。为此，邻居们赶来祝贺。

老板的一位好朋友吉米也来了，他送的礼物是纸和铅笔。老板谢过之后，问："吉米，给这么小的孩子送纸和笔，不太早吗?"

吉米说："不会的，您的孩子很性急。本该9个月才出生，但他偏偏两个月就出世了，6个月以后，他肯定能去上学，所以我才提前给你准备了纸和笔。"

话刚说完，人们都大笑起来，茶馆老板夫妇无地自容，满脸通红。

这位朋友调侃别人的隐私已是不对了，更何况还选在一个公众场合揭别人的短，或许他是无意间这么做的，但这样随意的调侃，很可能会让他失去一个多年的朋友。

其实，像吉米这样的人还有很多，他们总喜欢将调侃别人当成一种乐趣。就许多模范丈夫来说，对妻子服服帖帖，本来就是夫妻双方你情我愿的事，但偏偏就有一些无趣的人喜欢将此事当作谈资，完全不顾及别人的面子。

一群人在闲聊。

A："C能说说你是怎么当丈夫的吗?"

B："那可真是'三从四德（得）'啊!"

A："真的?"

B："千真万确，所谓三从就是：太太出门跟从；太太命令服从；太太说错盲从。四德（得）则是：太太化妆等得；太太生日记得；太太打骂忍得；太太花钱舍得。"

顿时，C被气得说不出话来。

很明显，B为赢得一些廉价的笑料，不顾C的面子而调侃，这无疑是对C的一种伤害。同时，这也显得B缺少教养，对自己的形象也是一种伤害，只是B暂时还感觉不到这种伤害罢了。

另外，工资也属于个人隐私。因为不同的人干不同的工作，获取工资多少，不单是个人能力高低问题，也会有不同的工作价值取向在里面。而只以工资多少来看人，只能反映出这个人对工作价值理解的浅薄。

一群人在沙滩上玩乐。

这时，王某抓起一把沙子，笑着对大家说："你们看这沙子就像小杨那微薄的工资一样，不管他抓得多么紧，总会从手指缝漏出去，最后就只剩那么一点。"

众人听后大笑，而小杨的脸色却十分难看。

对于王某这种拿别人隐私来幽默的做法，很可能会让小杨的自尊心受到伤害。因为，幽默也是会伤人的，尤其是在涉及别人的隐私和缺点时。当我们说幽默话时，一定要拿捏好度，千万不能拿别人的隐私开玩笑，不能伤害别人。

朋友之间的幽默也要讲原则

按照关系定律，你站在一个位置，离这个位置越近的人越是跟你关系不错的，那么说话的方式就可以此来定。说话时，每个人在每个场合说话都不一样，有些人说得让对方难以接受，有些人说得让周围人难以接受，有些人说得让自己难以接受。

李蒙最喜欢做的事情就是和女生聊天，他几乎都不跟男生聊天。周围的女生不喜欢跟他聊天，因为他每次都说得人家面红耳赤的。可是，他又一副娘娘腔，让女生完全不好说什么。

办公室新来了一位漂亮女同事，李蒙开始跟她套近乎。对方已经有男朋友，李蒙也有女朋友。可是，李蒙每次喝酒后就给这个女同事打电话，总是说很想她，让她给自己一个机会，做异性兄妹。在办公室时，李蒙还说，就想吃女同事给他做的饭——这样可以将兄妹进行到底。

女同事觉得李蒙平时很幽默，每天笑话不断，很吸引人。可是，他这样做就不是幽默了，完全不知道轻重地对待人。女同事大为光火——她可不愿意跟这个人发展更深的感情。

跟人交往，不应该把一种幽默放大到无限。因为再好的幽默也不能得到所有人的认可，跟吃饭一样，南北口味不同，男女口味不同，大人小孩口味不同，每个家庭的口味也不一样，如果把一种口味的幽默用到所有人的身上，很容易让人伤神，费心而不讨好。

王翔为人实在，幽默风趣。

有一天，老婆问他："老公，你说我瘦了吗？"

王翔看着老婆丰满的身材，说："老婆，你每天都吃那么多，怎么可能瘦下来呢。"

老婆大发娇嗔："什么嘛，人家就是多吃一点而已。"

王翔看着某些部位有点臃肿的老婆很无语。

中午午餐，大家一起边吃边聊。一个身材瘦弱的同事谈起了自己刚刚看的一个新闻："美国有好多胖子都有几百公斤了，据科学家调查，人们容易发胖就是管不住自己的嘴，我们每天摄入的营养要比身体所需的营养多太多，胖子都是活受罪。"

王翔想到了早上老婆的行为，对此深表同意，接着同事的话说："可不是，胖子都要为自己的行为负责，胖不是一个道德的行为，他们胖纯属自找的。"

结果，他把公司的同事都得罪了。

开玩笑的尺度多少是合适的，跟朋友的距离多少才能达到幽默的效果，是需要思考的。如果是好朋友，可以拿人们时常讽刺的幽默来开玩笑，可以引起人们的共鸣，换了不熟的朋友，恐怕会被人说你不分轻重，不懂分寸。

如果你的附近有女性听众，不要拿皮肤、幸福、人生、婚姻、孩子等话题来开玩笑，很容易"说者无心，听者有意"，无意中引起矛盾，或者得罪他人。

刘晓萍快40岁了，但因为先天的原因还没有孩子。孩子已3岁的同事小李在旁边叽叽喳喳地说起了最近听到的一个八卦。

两个女人进了协和医院大厅，其中一个肚子挺大的，是马上要分娩的孕妇。

一位护士走过来问："你是要生了吗？"

孕妇回答："是的。"

护士例行公事地说："顺产，还是剖宫产？"

孕妇眉头一皱："剖宫产吧！"

护士看了孕妇的大肚子一眼："那怎么不住院呢？"

孕妇笑着说："没事儿不着急，床位好像满了。"

好心的护士说："我一会儿帮你问问看，有没有床位，今天日子不错，八月八日，能生就生了吧。"

小李说完，然后来一句总结："旁边的人都觉得这个孕妇心太大了，现在生孩子的都不着急。"

刘晓萍心里一阵不舒服。其实，她很希望自己有孩子的，可是老天不帮忙呀。刘晓萍咬了咬牙说："现在生孩子容易，带孩子太辛苦了，好多外婆和奶奶都不愿意带孩子呢！"

小李的脸色一阵红一阵白，她自己就是因为没人带孩子，在家待了好久。

如果是关系不错的好朋友，可以用两个人常见的相处方式随便说话，按照两人已有的默契来保持双方关系的畅通。因为双方都很了解对方，所以要避开对方的"伤疤"进行交谈，这样才能让伤好得更快。

再要好的关系也总有一些底线，对男人来说，老婆是不能被别人随意拿来开玩笑的。再好的关系，也不能拿对方的不足开玩笑，即使可以开玩笑，也不能过多，否则不仅会让对方烦躁，还容易让对方觉得你对他有恶意。

幽默运用不当很可能变为讽刺

送人玫瑰，手留余香。我们在使用幽默来赞美周围的人与事时，尤其要注意场合和说话口吻，否则你的幽默就可能变成讽刺，最终导致身边的朋友疏远你。

在这个竞争日益白热化的时代里，由于生活、工作中的种种压力，人们越来越渴望用幽默让自己快乐起来。然而，很多人却误解了幽默的含义，以致把讽刺错认为幽默，把自己的欢乐建立在他人的尴尬之上。有的人认为自己比别人优秀，因此会在言语中让别人觉得他高人一等，甚至还会在言语中讽刺别人不如自己。最终，他的幽默便不是幽默，而是讽刺了。

有一天，一位富家少爷应邀参加一个慈善舞会。

在舞会上，他邀请一位身份平常的慈善女成员跳舞。

女成员很不好意思地说："您怎么会和我这样一个平凡的人跳舞？"

富家少爷幽默地说："这不也是一件慈善事业吗？"

很明显，这位富家少爷的幽默是抬高了自己，贬低了他人，实在是让人难以发笑。女成员听完他的话后，或许会正色对他说："我想我还是不接受您的慈善为好。"

朋友间的友情是需要好好维系的，而婚姻更需要小心呵护。婚姻就好比珍贵的水晶，美丽且易碎，因此夫妻间更应注意自己的言辞，切勿将幽默变为讽刺，以免让美丽的水晶留下疤痕。

老王平时很喜欢开玩笑捉弄别人。

一次，老婆对他说："同事都说我胖得像猪。"

老王义愤填膺地说："他们怎么能叫你猪呢？这实在是太不像话了！总不能人家长什么样就叫人家什么吧！怎么能说你像猪呢？那简直是侮辱了猪。"

老婆听后，狠狠地瞪了他半天，最后喊道："老王，我要跟你离婚！"

本来老王的妻子是想得到丈夫的安慰，没想到，丈夫却直言说妻子连猪都不如！要知道，不论是什么样貌的女人都忌讳别人说自己不好看，何况还是自己的丈夫。所以，当妻子听到丈夫的这番话后，自然会气得想要和他离婚。

对有的人来说，的确是无心讽刺对方，但有人却是真的想通过讽刺对方来达到自己心理上的满足。但有时他们也会"讽刺反被讽刺误"，被对方反讽刺，以致让自己丢了颜面。

有一天，小林刚从朋友家回来，恰巧在街上迎面碰上了两个平时总爱挖苦别人的同事。

随后，他俩很热情地和小林打了个招呼。其中一个拍了一下小林的肩膀，说："小林，我们刚才正在为你而争论。你说你这个人究竟是更无赖，还是更愚蠢呢？"

小林马上抓住他们两人，说："哦，答案就是，我处于这二者之间。"

小林的这个回答，不仅使那两位自以为是的同事没有达到讽刺别人的目的，反倒把他们给绕了进去，自嘲了一回。

讽刺就好比一面哈哈镜。当你面朝它时，就会从镜子里看到自己扭曲的外表，可笑的也只会是自己。所以，我们应该找到一面真实的镜子，以弄懂什么才是真正的幽默！

第十一章
恩爱夫妻：幽默让你的爱情长久保鲜

用幽默的方式赢得对方的心

幽默是爱情的催化剂，那到底该如何向恋人表露自己的爱慕之情呢？虽然这没有固定的模式可循，却可以运用幽默的求爱方式，即便不成功，也不会给今后的交往造成障碍，而且还能保留一份美好的回忆。

当你把语言用一种语体的表达改为用另一种不同风格的语体来表达时，往往会使人忍俊不禁。倘若能用这种方式来向对方求爱，就有可能会让对方在轻松愉悦之中欣然接受。

电影《阿飞正传》中，就有这么一段很有创意的幽默情话。

一个慵懒的下午，阿飞对苏丽珍说："看着我的表，就一分钟。16 号，4 月 16 号。1960 年 4 月 16 号下午 3 点前的一分钟你与我在一起，因为有你，所以我会记住这一分钟。而从现在开始我们就是一分钟的朋友，这是一个事实，你无法改变，因为那一分钟已过去了。明天我会再来。"

如此幽默且有创意的情话，相信没有几个人能抵挡得了！反正苏丽珍没有，这是她的内心独白："我不知道他有没有因我而记住那一分钟，但我却一直都记住了这个人。之后的每一天他都来，我们就这样从一分钟的朋友变成了两分钟的朋友，没过多久，我们每天至少要见一小时。"

其实，在现实生活中也有这样的例子，一个男孩就是用这种新颖的赞美方式，娶到了自己心目中的"白雪公主"。婚后，妻子幸福地诉说了他们浪漫的爱情故事。

"当我在上大学时，在银行里做兼职出纳，一个很帅的小伙子几乎每天都到我的窗口来，每次都是存款、取款。直到他将一张纸条和银行存折一起交给我时，我才明白他是为了我才这么做的。

"亲爱的颖：我一直都储蓄着这个想法，希望有一天能得到利息。假如你周五有空，能否将自己存在电影院里我旁边的那个座位上？我已经将你可能有约会的猜测都记在了账本上；若真是这样，我会取出我的要求，并将它安排在周六。不管贴现率怎样，陪伴你我始终是很愉快的。我想了一下，你应该不会认为这要求太过分，以后再同你核对。真诚的林。

"我最终无法抵制这诱人、新颖的求爱方式。"

实际上，情书就是用来表达内心的真挚情意，也是一种极为强烈的"印象装饰"，因为它通过优美的文辞与修饰过的语句，来抒发内心的情感并打动对方的心，让对方看了能欢喜、感动。因此，情书必须写得深情款款，这样才更能打动对方的心弦，赢得芳心。

爱是离不开幽默的，情书也是如此。幽默的求爱、求婚方式，会更有魅力，更富于使人心动浪漫的情趣。在同对方的交往中，倘若你能扬长避短，在言辞上多下点功夫，并用幽默风趣的谈吐制造出一种活泼、有趣的交际氛围，那么你就会在不知不觉中获得对方的青睐。

写情书就好比投石问路，以此来试探对方对自己的感觉，假如你的表现过于庄重、严肃，那么一旦遭到回绝，情感上就会难以承受，以至于陷入痛苦之中。因此，若能恰当地运用幽默技巧，并以豁达的气度来对待恋爱问题，那么即便得不到爱，至少也不会感到懊悔，同时也不会伤害到别人的自尊。

恋爱时，经常会有人因不知怎样求爱，或方法不当、言语不得体，使对方误解，甚至产生厌恶、反感，结果反倒将本应美好的事变成了非常糟糕的事，以致双方"情人不成，成仇人"。

要想获得对方的好感，并进一步转化成爱情，首先就要有真诚的心，更重要的是，表达时一定要机智、幽默。因为爱的表达是需要技巧、花心思的，也就是要考虑如何获得对方的好感和信任。要学会将好感巧妙地转化成爱情，而不是一味地死缠烂打，让人心生厌恶。制造好感是求爱的准备工作。总之，运用新奇、幽默的方式来向异性求爱，往往能收到更好的效果。

培养妻子的幽默感有利于家庭和睦

仔细观察你便会发现，缺乏幽默感的妻子常常是一些品位不高雅的、爱唠叨的女人，她们说话有口无心，沉醉于自我宣泄之中，全然不顾自己说了些什么，说得是否巧妙，是否正确，也不顾别人有什么反应。

要改变她们这种说话习惯，除了增加她们的文化修养外，还要给她们灌输一些幽默感和幽默技巧，帮助她们形成说话有幽默感是最便捷而有效的方法。如何给唠叨的妻子灌输幽默感呢？丈夫要首先学会并积极使用幽默，用幽默的家庭氛围去感化她，熏陶她。

一个姓孙的男人有一个爱唠叨的妻子。一天，孙某因为下班后帮助朋友办了件事而晚回家一个小时，一进门便撞上了老婆无休止的唠叨："这年头男人都喜欢不回家，眼巴巴想在街上等一个三陪小姐拉着下馆子，多少家庭就这样离的离，散的散；老公你可不能对我昧了良心，我可是死心塌地地跟你，真心爱你的。我一日三餐为了啥，还不是为讨你欢心吗……"劳累了一天的孙某一听就烦了，但他没有正面解释，而是诡秘一笑，说："还真让你说着了，还真有这么一个人拉我上他家一趟。"妻子一听就愣住了，忙走过来狠狠地问："是谁？"孙某哈哈大笑："就是那个小张，他让我帮他搬家具。亲爱的，我真为你自豪啊！因为你看你都快成联合国秘书长了，为那么多大事操心。"

孙某的幽默肯定会刺激妻子的神经，从而引起她的警醒和对自己的反思。培养唠叨女人的幽默感，需要一个过程，家里可以买一些幽默的书报杂志，以供随时翻阅，让妻子明白使用这些幽默可以产生怎样的表达效果，而自己又应该如何说话。可以陪妻子一起欣赏幽默小品，指出小品中人物的行为幽默在什么地方，又好在什么地方。平时说话要尽可能幽默一些，如能引导妻子学会幽默的唠叨，那就再好不过了。

家庭的温情主要是在语言交流中获得的，而有些时候，妻子在家里默默地守候，等来的却是丈夫的一言不发。他严肃古板的神情、郁郁寡欢的神态，让妻子一看就大失所望。

丈夫不愿说话的原因多种多样，如果不是性格孤僻，则很可能就是遇到了什么不顺心的事，如心理上压力大，或是妻子的某些言行伤了他的心。这些不同的原因对于与丈夫朝夕相处的妻子而言，是很容易识别的。

一个男人因欠对面街上一位吝啬鬼的钱并限期第二天归还而发愁，晚上翻来覆去睡不着。他的妻子知道缘由之后，下床来到窗前，冲着对面吝啬鬼的房子喊："对面屋里的人听着，我丈夫决定明天不还你的钱了。"她回过头来对丈夫说："现在好了，你安心睡吧，该对面那位睡不着觉了。"

这则幽默体现了妻子为丈夫排忧解难的机智和她对丈夫的关爱。家庭生活中，在丈夫遇到难题，心情沉重的时候，要想让丈夫开口说话，就不能靠挖苦抱怨，恶言相激，迫其开口，而是要幽默相诱，温情劝导，打开他的话匣子，让他自己走出自我封闭的状态。有这样一则幽默故事：

小红和丈夫小张都是教师，但他们两人的学校相隔数十里，一周才相聚一次。有一个周末，小红兴奋地迎接丈夫进屋之后，才发现他两眉紧锁，愁容满面。小红诧异之余，并没有收敛自己的笑容，她平静地给丈夫倒了一杯水，递到丈夫手上，说："本周我有一喜事告诉你，你先猜一猜？"丈夫闷闷地说："你尽是喜事，我可没心思与你同喜，我的世界却尽是些伤心事，我给学生订购了一份复习资料，他们硬说我捞回扣，非法牟利，我成了领导们反腐倡廉的靶子、牺牲品、替罪羊。"小红也意识到事情的严重性，但她还是劝慰丈夫说："你不要太有压力，事实总是事实，法律只相信事实，咱们暂且高高兴兴地过了这个周日，下一周精精神神、轻轻松松地跟他们评理去。"

小红真是一位贤惠的妻子，当丈夫遇到难题时，她故意说自己有喜事跟他说，以此勾出丈夫的心里话，当丈夫和盘托出自己所遇的麻烦时，她又好言安慰，为丈夫解除心理负担。幽默相诱的方法本身就包含着妻子与丈夫之间的温情和爱。培养对方的幽默感并不是说我们讨厌他（她），而是要通过提高对方的素质和幽默感来达到一种有效的沟通，为家庭的幸福做铺垫。

懂得用幽默表达爱

幽默是将欢乐撒向人间的快乐天使，它可以洋溢于日常生活中的每一个空间。同样，在恋爱、婚姻、家庭的领域，更是留下了一片五彩斑斓的幽默题材。幽默故事与材料本身就像一座开采不尽的矿藏，随时都能挖掘出东西，只要稍稍加工，就能美化、装点自己的生活，增添生活中的笑声。

某数学家和女朋友在公园散步。

女朋友问道："我满脸都是黑斑，你真的不在意吗？"

数学家温柔地答道："是的，我绝不会在意！因为我生来就喜欢跟小数点打交道。"

懂幽默的人都知道，如果将语言用一种语体的表达改变为用另一种完全不同风格的语体来表达，通常具有让人忍俊不禁的效果。幽默情人为了使心仪之人在轻松愉悦之中欣然接受，也会借助这样一种方式来向对方求爱。

生命就好比一朵花，爱情就是花上的蜜，而幽默则是采花后酿造的蜂蜜。

爱是男女间的感情交会，男人和女人是世界上最奇妙的存在。难怪夏洛蒂·勃朗特会这样说："男人就好比是太阳，女人就好比是月亮。当太阳和月亮的光合在一起，就会组出一个美妙的世界。"

在这个世界，幽默总是扮演着一个守护神的角色，在危机时，它能给人提供安全感；在发生悲剧时，它能把人引向喜剧方向。

对恋人来说，双方之间的默契与幽默感具有一种特殊作用：它能让双方在片刻之中发现很多美好的共同事物，不管是从前的、现在的，还是将来的，都会使时间与空间暂时消失，从而只留下美好、欢乐的感觉。

1774 年，富兰克林丧偶。1780 年他在巴黎居住时，向他的邻居，一位迷人且有教养的艾尔维斯太太求婚。

富兰克林在情书中是这样说的，自己在梦中看见了自己的太太与艾尔维斯太太的亡夫在阴间结婚了。

接着，他又续写道："那我们来替自己报仇雪恨吧！"

当时这封情书被誉为文学的杰作、幽默的精品。

在写情书时，尤其是第一封情书，不管你的感情沸腾到何种程度，最好都不要直接去说"我爱你"。因为对含蓄的女子而言，这不是高明的表现，有时会被对方厌恶，甚至有的人还会认为这是缺乏修养。

有一位姑娘说，男朋友在给自己的一封信中，只写了很短的一句话："我已中箭了，而且是丘比特的金箭。我祈求你一样中箭，但不是铜箭，而是金箭。"

传说，凡是被爱神丘比特金箭同时射中的男女，都能缔结良缘。假如一人中金箭，另一人中铜箭，那中金箭的人就只能"单相思"。

小伙子正是巧妙地运用了这个神话，以此来给姑娘留下良好的第一印象。

若能在恋人面前表现出幽默的智慧，双方不仅能共享欢乐，同时还能深深地吸引对方。

有一对恋人坐在公园里。

男的说："我很多朋友都夸你漂亮。"

女的非常兴奋地说："是真的?"

男的说："是啊，还说你不仅漂亮，而且还很迷人。"

女的高兴地说："真的吗?"

男的说："是的，不过，你只能迷住那些没有经验的男孩。"

女的有些失望，困惑地问："那是为什么呀？"

男的说："因为你和他们一样年轻、纯洁、朝气蓬勃、活泼可爱。"

女的心花怒放地说："你太坏啦！"

幽默是爱情的种子。假如你能有技巧地掌握、运用好这些因素，那么你就会在热恋中感受到更多的甜蜜。

幽默的女人是男人的最爱

女人想要获得爱情，就要学会幽默，让男人心花怒放，他自然会对你百般疼爱，爱恋有加。当然，幽默风趣，这对于恋爱中的女孩来说比较容易，但若对一位结婚几年的女人好像就有些困难，并不是腻了，而是觉得不知道怎样来表达自己的幽默，如果硬要说点什么，那就只剩下唠叨、争吵了。

婚后，爱的激情被柴米油盐的琐碎生活磨掉了，女人逐渐丧失了幽默感，慢慢变得唠叨，这难免会让男人厌倦。对于这些不懂得"顽皮"的女人，不要等到丈夫有了外遇，才抱怨自己为什么总是被忽视呢？为什么自己无止境地付出却被抛弃呢？这时女人应该反省一下，自己身上是否还有爱情的痕迹？幽默的妻子，总会让丈夫感到新奇，那些娇嗔的语言总会唤起丈夫内心深处的爱。

小李与老公约好下班出去吃饭。已经到时间了，但小李由于工作没完成还不能出去。她心想："老公一定会生气，他很守时的。"

等忙完工作，她到约定的饭店一看，发现老公果然阴沉着脸，气呼呼地坐在那里。

小李缓慢地走了过去，说："都是这双讨厌的凉鞋，早不崴脚，晚不崴脚，偏偏赶上这时候。唉，我疼点无所谓，可是却耽误了你的时间，真让我过意不去。"说完，她还露出一脸疼痛和自责的表情。

老公心疼地说："你该让我去接你嘛！快让我看看脚。"

小李低下头，却把脸转开，原来她在忍不住笑。

还有一次吵架，老公要离家出走，小李却挡在门口说："自古以来都是女人离家出走，你这么做不符合事物发展的客观规律。"

老公说："你想怎么样？"

小李坚定地说："我走，我要把属于我自己的东西全带走，哼！"说完，她不由分说拉着老公就跑下楼。

老公问："你究竟要干什么？"

小李说："你是我的东西啊！"

老公说："我才不是东西呢！"

说完，他自己觉得不妥当又急忙改口说："我是东西。"

说完，两人都忍不住大笑起来，一片乌云就这样散开了。

女人偶尔幽默一下，可以博得男人的宠爱。因为在女人面前，男人所扮演的既是朋友，也是兄长，有时候甚至是父亲的角色。如果女人表现得幽默、调皮，像小孩子一样，那么给男人的感觉就好像女儿一般，自然可以激发他隐藏在心底的爱。

每个女人在恋爱时总是千姿百态的，一会儿顽皮，一会儿妩媚，一会儿性感，一会儿天真，百变的形象让男人看花了眼，从此跌入了温柔乡。但是，这样的女人在结婚后往往忽视了这些情调，她们不再千姿百态，而只是无休止地唠叨，结果让男人生厌。

对此，女人应该要找回恋爱时的感觉，不要觉得不好意思，在自己爱的人面前，还有什么难为情的呢？应该展现女性的魅力，唤回男人的爱。男人是单纯而微妙的动物，因为单纯，所以很容易安抚；因为微妙，所以只需要多用心，常说一些诙谐而有趣的语言，就可以察觉和洞悉他的心。

《红楼梦》第十九回写宝玉到黛玉房里，见她睡在那里，就去推她。黛玉说："你且别处去闹会子再来。"

宝玉推她说："我往哪里去呢？见了别人怪腻的。"

黛玉听了，嗤的一声笑，说："你既要在这里，那边去老老实实地坐着，咱们说话儿。"

宝玉说："我也歪着。"

黛玉说："你就歪着。"

宝玉说："没有枕头，我们在一个枕头上。"

黛玉说："放屁！外头不是枕头？拿一个来枕着。"

宝玉看了一眼，回来笑说："那个我不要，也不知是哪个脏婆子的。"

黛玉听了，睁开眼，起身笑着说："真真你是我命中的'天魔星'！请枕这一个。"

她把自己的枕头让给宝玉，自己又拿一个枕着。

林黛玉个性比较清高，但在贾宝玉面前，也会展现自己风趣的一面。抢枕头的事情虽然很小，他们所用的语言也是平日里的口语，但在两个相爱的人之间，却起到了"打是亲，骂是爱"的作用，而诙谐则成为示爱的一种活泼而随意的方式。

日子太过平淡，往往会让相爱的人失去了激情，他们逐渐变得平淡，再也回不到往日的活力。但偶尔的顽皮幽默就好像天空中闪过的流星一样，哪怕只有短暂的出现，却可以唤醒爱的活力，迸发情感的火花。对爱人幽默的内在动力是宠爱、喜欢、愿意等情感，女人适当幽默确实是爱情甜美的秘诀之一，当两个人争吵时，适当幽默可以缓和气氛；当两个人甜言蜜语时，幽默可以让气氛更和谐。幽默的女人总是特别有女人味，但凡男人都喜欢风趣的女人。

用幽默化解醋意

在恋爱中，有些恋人经常吃醋，但未必知道"吃醋"的典故——一个重情痴情的典故。

唐太宗执政时，有一次要赐给宰相房玄龄一位美妾，房玄龄的妻子却怎么也不同意。

唐太宗得知此事大怒，并赐房玄龄的妻子一壶毒酒，让她自己做选择：是同意房玄龄纳妾，还是喝毒酒而死。

房玄龄的妻子毫不犹豫地接过"毒酒"一饮而尽，却没有一点中毒迹象。后来，大家才得知，唐太宗赐的只是一壶醋而已。

由此可见，"吃醋"的意思本是对自己所爱的人，或是对其他异性交往的一种嫉妒所引起的不满。

事实上，在恋爱中，恋人"吃醋"的现象非常普遍。不过，懂幽默的人往往能将吃醋转变成一种情调，从而增强彼此的感情。

一对恋人去参加聚会时，女孩发现男友正在不停地用羡慕的眼光偷看坐在身旁的美女。

于是，女孩便悄悄对他说："你还是去和她说句话吧，要不别人会以为你是她未婚夫呢！"

在这个故事中，女孩运用的是一种钝化攻击，一下就将男友的失态唤了回来，男人自然会比较容易接受，同时，还能使自己的醋意变得更加温和、恬淡而富有情趣。

事实上，对吃醋的一方，完全可以借用幽默避其锋芒，拐弯抹角地将对方的醋意弹压一下，这样既不会刺伤对方，还能消解对方的妒意，以维护双方的爱情。要知道，一方打翻醋坛子，无非是想表明自己的妒忌，却也能给爱情生活增添不少光彩。

我们在周围随时都能看到一些聪明的恋人如何用幽默的方式来表达爱情。

有一天，一个女孩儿去男友家里玩，不料却在男友抽屉里翻出了一大沓美女照片，为此女孩儿很是吃醋。

而男友则是丢之不忍，留之不行，于是灵机一动，在每张照片背后写了一句："再美也美不过我的女友。"

女孩看后方才眉开眼笑。

其实，醋意谁都会有，无论是男人还是女人，都是一样的。若没有了醋意，那也就很可能失去了爱情，但倘若醋意大到敏感、猜疑、神经质，甚至影响到恋人间的感情，就不好了。所以说，醋吃得适量能开胃，吃多了则伤身，这一点需要男女双方好好把握。

一次，在电梯里，仅有3个人。男士目不转睛地注视着美丽的长发美女，为此他的女友十分不满。

忽然，美女转身给了这位男士一记耳光，并说："我教训你，是为了警告你下次不许偷偷捏女孩！"

随后，这对恋人走出电梯。这位男士很委屈地对女友说："可是我真的没有捏她呀！"

女友笑着说道："我知道，因为是我捏的她。"

在适当时，恋人之间若能经常开些小玩笑，便能丰富两人的感情生活。但这位女友的做法实在是太过幽默了，以至于让自己的男友白白挨了别人的耳光。试想一下，假如这位男士的脾气不好，那么两人必定会发生矛盾。

懂得幽默的人会让爱情升华

那些足够幽默、风趣的人，总是能够让自己的恋人陶醉在爱河之中。但对初次相识的人，一定要慎用幽默，因为女性最迫切需要的是男性的"力感"。初交女友时，一定要把握好幽默的分寸，只有将"力感"发挥到一定程度，且双方关系足够密切后，可适当地使用幽默来增强美感，才能取得更好的效果。

一对恋人相爱很久，感情非常深。

有一次，他们一起看话剧。第二幕还没有开始，男孩儿就一本正经地对女友说："还是别看了，咱们哪有那么多时间等啊！"

女友十分疑惑地说："精彩还在后面呢，咱们又没有急事啊！"

男孩指着字幕，说："你看看，那不是说第二幕在一年后才演吗？"

女孩儿笑着轻轻捶打男孩儿。

假如男女相识不久，第一次约会看话剧，就采用上述方式表达，对方一定会觉得那个男孩很不正常，或是认为他太幼稚了。

有一对恋人到商场买衣服。女友非常喜欢一件黑色的兔皮大衣，但又担心它不能适应雨雪，便问男友："它会不会怕雨雪啊？"

男友十分幽默地说："当然不会怕，你看过哪只兔子下雨打伞啊？"

这句话一说出，便把女友和服务员都逗笑了。服务员还一直夸奖女孩的男友聪明风趣。这让女孩感觉脸上很有面子，并由此加深了对男孩的感情。

反之，若是刚认识女孩，这样说就有可能让女孩误认为男孩不够稳重、成熟，即便是服务员一直夸奖男孩，女孩也会慎重考虑的。

处于热恋之中的人，要记得多利用幽默来给爱情加温，这样能营造出轻松愉快的氛围，使爱情生活更加富有情趣。只要你能挑动幽默这根弦，便可以和你的恋人奏出一曲和谐的恋曲。

宋代文人秦少游（秦观）与苏小妹曾有不少作诗联对的趣事，也可作为幽默的好例子。

入洞房之前，苏小妹故意刁难秦少游，于是便出上联"推门拥出天上月"，这下可把才子秦少游难住了。此时，苏东坡急中生智，将一石块投入池中，秦少游顿时领悟，马上接出下联"投石冲开水底天"。

这种技巧型的机智幽默是很耐人寻味的。当恋爱到了一定程度，两人就会结婚。因此，洞房花烛时不妨幽默一下，以此来给爱情生活做个愉快的总结，给婚姻生活来个意味深长的开头，给幸福生活留下永不磨灭的记忆。

分手幽默给对方留足情面

失恋对人造成的创伤非常严重。生活中，有些人在失恋后做出一些极端的事情，选择轻生的人不占少数，更严重的还会拿出刀枪，以死相威胁，听来让人不寒而栗。分手已成事实，你已经失去了爱情，请努力保全你的尊严，莫让自己输得一败涂地。

我们不能否认，失恋的确让人痛苦万分，特别是在自己不想分手，而对方坚决提出分手的情况下，就更不容易释怀。这种分手的失恋给人的感觉跟嘴里长了溃疡相差无几，越痛越想去舔，越舔却越感觉到痛。但是，无论如何你必须记住一点，失恋可以痛苦，可以难受，但千万不要让自己失态。我们可以失去爱情，但绝不能因此而在对方面前出丑。

也许，被甩的瞬间会让你尴尬、落魄，内心更是犹如万箭穿心一般，但不管怎样，都请你不要失了姿态。失意落魄不可怕，被甩、被背叛也不可怕，可怕的是你在对方面前失了尊严、失了面子，让对方暗自庆幸，觉得离开你是件正确的事情。所以，分手时请不要难过，大大方方地幽默对待，不管是出于真心还是假意，都送上一句"祝福"，好聚好散，至少让彼此拥有一个美好的回忆。

李维萍的男友和她相恋仅半年，就移情别恋，迷上了另外一个小女生。

为了给李维萍留些颜面，他模仿辞职信的样式，给她写信，请辞"恋人一职"。

李维萍看到信非常难过，但男友是自己的属下，她不想因此失态。

后来，李维萍写了这样一封回信：

你好：

关于你请辞的提议，经过董事会商议讨论，以下决议事项向你说明：因你当初面试时的职务为恋人，标准要求自然很高。尽管试用期你的表现不佳差点被开除，但念在你苦苦哀求且信誓旦旦地说明自己能够改进与胜任，才予以留任。如今你自愿请辞，董事会当然应允，但自动离职是没有遣散费的。假如你愿意，马上将你调转朋友部门，另施重用。

董事会成员代敬上

李维萍是公司女董事，而男友偏偏是其下属，如果在分手一事上有什么失态行为，日后很难在公司树立领导威严。于是，她也用回复职员辞职信的方式，给男友写了一封回信，并大方地表示可以继续做朋友，以此减轻对方的心理压力。对待分手有如此的度量，实属难得。

当然，这种分手幽默不是每个女孩都能施展自如的，但直接拿来效仿也未尝不可。就算你无法表现出李维萍的气度，至少让对方明白你有一颗努力坚强的心。

失恋之后，人的幽默反应一般有三种。第一种，就是宽宏大度式的幽默，就像上面这位很有决断力的女董事李维萍，她能把"被甩"这件事等同于公司日常事务一样，大脑仍能冷静地保持正常运转，做出最合宜的反应，以寻求利益的最大化。当然，这是在考验一个人的理性程度，假如你不够冷静，头脑运转又有些滞后，也可以尝试另外一种途径，以自嘲为自己解决困境。

除了宽宏大度式的幽默之外，就是略带报复意味的小幽默了。分手可以接受，但会想办法让对方知道点厉害。下面给大家举个例子：

王丽丽的男友爱上了别人，提出要跟她分手。王丽丽真诚地表示挽留，竟然被断然拒绝，而且男友一点儿情面都没给她留。

几天后，王丽丽找了个借口约男友出来见面，然后大大方方地递给他一本包装精美的礼物，微笑着祝他幸福，然后潇洒地转身离开。

当然，给礼物时她要求前男友在自己离开后打开，因为那礼物是一本名为《自恋狂的自我检测》的书。

假如你觉得自恋狂之类的有些过火，也可以买本《坚决地和第三者说"No"》《男人不该劈腿的 N 个理由》等。总之，书的名字最好有些讽刺意味。要是买不到称心如意的书，你也可以随便找本书，在封面贴张白纸，自己写个非常显眼且极具讽刺的书名。总之，你要让负心人在看到书名的一刹那，露出惊愕负疚的表情。当然，这类幽默的恶作剧千万不能失了分寸，假如幽默过火而变成人身攻击，就会降低你的水准了。

相比较来说，创造后一种幽默要更容易得多，因为气场氛围比较贴近。只要你曾经认真投入一段感情，分手后自然会心痛到极致，脑子里很容易产生报复的想法："我就那么好欺负？我一定要给你点儿颜色瞧瞧！"如果被这种情绪所控制，创造"恶作剧式"幽默的概率必然会高一些。

假如想让自己活得快乐、活得洒脱，我们就要学会放下一些已经不属于自己的东西。在谈及"幸福的秘史"时，著名影星英格丽·褒曼就曾幽默地说："幸福就是健康加上坏记性。"你我都免不了有失恋的经历，与其沉溺其中让自己太累，倒不如学着宽容一点儿、豁达一点儿、健忘一点儿，也许下一段幸福就在拐角处。

第十二章

家庭和谐：幽默让家人时刻感到温馨幸福

幽默感让家庭充满欢笑

前不久，某大学社会学系经过抽样调查发现，在家庭生活中家庭成员的情感交流缺乏幽默感的现象非常普遍。在那些被调查的家庭中，妻子认为丈夫缺乏幽默感的约占 61.7%，丈夫认为妻子缺乏幽默感的占 80.4%，而子女认为父母毫无幽默感的高达 88%。当然，存在这样的现象，是因为中国传统文化对夫妻之间、父母子女之间的规范阻碍了家庭幽默气氛的产生，而家庭空闲时间的缺乏，以及家庭成员情感交流形式的单调和文化知识水平的限制等因素也使得幽默难以出现在家庭生活中。

一个幸福的家庭需要幽默感吗？看看下面的事例，你就会找到最终的答案。

驾车外出途中，一对夫妻吵了一架，谁都不愿意先开口说话。最后，丈夫指着远处农庄里的一头驴说："你和它有亲属关系吗？"

妻子回答说："是的，夫妻关系。"

在一个家庭中，夫妻吵架是一种普遍现象，上至伟人，下至普通人都会如此。假如在争吵过程中即兴说一两句诙谐的话，那就会让原本难堪的场面变得温馨起来。我们常说"夫妻之间没有隔夜仇"，其实，在更多时候，夫妻之间的小吵小闹反而会拉近彼此的距离，同时还可以将内心不满的情绪宣泄出去。假如这时用幽默对待，再加上机智的调侃，会让双方重归于好，从而使得整个家庭更幸福。

"墨菲定律"也有这样一条："妻子永远是正确的，如果妻子不正确，请参考第一条。"夫妻之间善用幽默的妙处在于可以恰到好处地表达自己怨而不怒的情绪。在这个过程中，有妻子对丈夫的抗议，也有丈夫对妻子缺点的抗议，而在幽默的问答中，不至于使对方恼羞成怒。可能是丈夫的无端猜忌，可能是妻子的唠叨，等等，这些矛盾同样有可能发生在我们每个家庭中，有时却往往因为两三句出言不逊的气话加剧了彼此的矛盾。

杰克的妻子临睡前絮絮叨叨令他十分不快。

一天夜里，妻子又唠叨了一阵之后，问杰克："家里的窗门都关上了吗？"

杰克回答说："亲爱的，除了你的话匣子外，该关的都关了。"

又如，新婚之夜，新郎问新娘："亲爱的，告诉我，在我之前，你有几个男朋友？"

没想到，他换来新娘一阵沉默。

新郎想："生气了？"过了片刻，他又问："你还在生气？"

新娘笑着说："没有，我还在数呢！"

许多夫妻都有这样的经历，那些没有理由的争吵似乎经常发生，吵到最后，他们往往不知道为什么而吵架。有时候两个人之间的冲突一旦发生就会因愤怒而失去理智，甚至闹得不可开交。我们经常看到，看上去文质彬彬的两个人，经常会因为一些小事情在家里大动肝火，双方好像都失去了理智，专门说对方的痛处，唇枪舌剑，互相伤害。俗话说："忍一时风平浪静，退一步海阔天空。"多说幽默的语言，少生气，不仅对身体有益处，还可以增进彼此之间的感情，何乐而不为呢？

有一位老板收到了一盆仙人球，秘书问他是不是太太送来的。

老板回答说是的，并解释说他俩大吵了一架，她可能是把这送来以表歉意。

老板让秘书把卡片上的话念出来给他听。原来，那上面用很大的红字写着："坐在上面。"

一个幸福的家庭是离不开幽默的，家庭生活最需要幽默，而且家庭也是练习幽默的最佳场所。在家庭幽默中，我们要把握怨而不恨、怨而不怒的情绪，在争吵中带着尊重和包容，那就一定可以取得预期的效果。

家庭生活中的幽默对家庭成员的影响是很大的，它使生活充满了情趣，缓解了矛盾，使人们的生活更加和谐融洽。夫妻之间的幽默是一种有安全感的表现，这会令夫妻双方都感到满足和愉快；夫妻之间的幽默是一种人格成熟的表现，轻松而不狂喜，遇险而不惊慌失措。这样的幽默可以使双方渡过许多不顺心的困境，净化情绪，消除郁积在内心的压力和紧张情绪，从而让家庭充满欢乐、温馨、和谐。

幽默可以缓解家庭矛盾

社会是由无数个独立家庭组成的，而夫妻无疑就是家庭的核心，夫妻和谐则是家庭幸福美满的基础。因此，只有让每个家庭都处于健康和谐的状态，社会才会更加稳定、平和。夫妻之间相敬如宾、情意绵绵固然令人羡慕，但若能在此基础上加上幽默的成分，那就会起到锦上添花的作用。

在夫妻生活中，妻子对丈夫的态度与方式，会直接影响到丈夫的生活态度、工作状态及自信心状况。难怪很多企业家会这样说："假如我们想提升某个人，那么就会先调查他的妻子。"当然，这并不是说要调查他妻子是否长得漂亮或会做菜，而是调查他的妻子是否能使其充满自信。

一些企业老板说："妻子不仅要接受丈夫的一切，还要让丈夫的生活愉快，感到满足，并且在丈夫回到家里时，替他装上自信的弹丸。这样一来，丈夫会想：'她如此支持我，可见我在她心中是有一定地位的，并不是一文不值。'因此，妻子若能爱丈夫，且信任他，他就会有'我一定能够做好一切'的自信，便能自信地接受任何挑战。"

一个能宽容自己丈夫的女人，也一定会倍加关爱丈夫。相反，假如妻子整天抱怨、唠叨，那她的丈夫就不会有斗志面对自己的工作与事业，还会因此失去自信心，并且随着自尊和自信的渐渐消逝，丈夫对待妻子的态度也会趋于冷淡，甚至导致夫妻间发生情感危机。

事实上，消除家庭紧张关系的方法有很多，幽默就是最好的选择。很多时候，幽默是缓解家庭矛盾的最好解药。

一对男女结婚多年，从没有发生过一点冲突。

有一天，妻子对丈夫说："你怎么总对我那么好啊？"

丈夫回答："和你结婚前，我曾请教过牧师，问他为什么对妻子那么好，他告诉我：'不要去批评你妻子的缺点或是责怪她做错的事。你要知道，就因为她有缺点、会做错事，所以才没有找到更理想的丈夫。'对他的这句话，我始终牢记着。"

丈夫所引用的话，意思就是说，要想成为妻子的理想丈夫，就不能随意地去批评妻子，这样夫妻之间才会恩爱有加。

如今，每对夫妻都有自己的事业与社交活动，而且很可能都处于独立的状态，因而谁来做家庭的主导者就成为日益突出的矛盾，而这个矛盾会使彼此心灵之间的距离越来越远。但是，想解决它并不难，只要运用幽默，就能起到特殊的效果。

A："你在公司都负责什么事啊？"

B："在公司我是头。"

A："这我倒是相信的，那你在家里呢？"

B："当然也是头。"

A："那你夫人呢？"

B："她啊，她是脖子。"

A："为什么呢？"

B："因为头要想转动，得听脖子的。"

如此巧妙的回答，不仅能令人捧腹大笑，同时也间接地暗示出他对婚姻的满意，假如他的夫人真的像传闻的那样，那他就可能自我调侃不起来了。因此，人的精神状态好坏对发挥幽默是十分重要的。

当妻子因丈夫的某些不良行为而大发雷霆时，丈夫可以运用巧妙的幽默将这场暴风雨化解于无形之中，从而确保夫妻之间的良好关系。

有个酒鬼在外面喝多了，很晚才回家，但他忘了带钥匙，无奈之时，只得敲门。

妻子怒火冲冲地打开门说："抱歉，我的丈夫不在家。"

"那好吧，我明天再来。"

话说完，酒鬼装出转身要走的样子。妻子嗔怪一声，就把酒鬼丈夫拉进了屋。

此时，丈夫的幽默让妻子化怒为笑，以此来诱发妻子内心深处对丈夫的怜爱与尊重。这样夫妻两人就不会再抓住喝酒的事不放，而是去享受彼此之间的幽默情感。

有对夫妻吵架，妻子哭着喊着要和丈夫离婚。去法院的路上，他们要经过一条小河。到了河边，丈夫快速脱下鞋子走到水中。妻子却一动不动地站在岸边，看着冰冷的河水，正愁怎么过去。此时丈夫回过头体贴地对妻子说："我还是背你过去吧。"

丈夫背妻子过了河。没走多远，妻子说道："算了，咱们还是回去吧！"

丈夫十分诧异："为什么啊？"

妻子低着头说："离婚回来，谁背我过河啊？"

通常在家庭中，妻子总会承担大部分的家务劳动，似乎这些都是妻子应该做的分内事。但是丈夫也是家庭中的一分子，理应分担一些家务，可由于传统观念的影响，有的丈夫在家是什么都不做的，此时聪明的妻子就可以用智慧和幽默让他毫无怨言地加入家庭劳动。来看下面的例子。

妻子说："老公，你能把昨晚换下来的衣服洗洗吗？"

丈夫说："不行，我还没有睡醒呢！"

妻子说："其实，我只不过是想考验一下你，衣服早都洗完了。"

丈夫说："其实，我也不过是和你开个玩笑，我非常愿意帮你洗衣服。"

妻子说："呵呵，我也是和你开玩笑的，既然你那么愿意，那现在就请你赶快洗去吧！"

而此时，丈夫就不得不佩服、欣赏妻子的幽默与情趣，从而高高兴兴地去干不愿意干的家务。

当然，假如妻子已经把衣服洗了，那么幽默感就会更强，丈夫会因此而受到感动，往往会主动帮妻子做家务，这件事带来的不仅不是烦恼，反而会是一种快乐。

在我们周围，常常会听到有人说："家其实就是吃饭、睡觉的地方，和旅馆没什么区别！"这样的说法绝对是不正确的，因为旅馆里不会有家庭里的温馨和情趣。

一天，约翰再也无法忍受妻子无休无止的唠叨，便打算到旅馆去住几天。旅馆的老板热情地接待了他，并亲自将他引到一间房门前。

"先生，我可以向您保证，您住在这里绝对会有一种家的感觉。"

"哦，天啊！你快点给我换一间吧！"

这个幽默说明没有幽默的家庭还不如一间旅馆。

夫妻间的任何一方，若能用这种幽默的语言、行动与态度来对待家庭中的另一个人，就会使你的家庭远离无休止的争吵，远离沉闷压抑的冷战和空穴来风的猜忌。它就好比家庭生活中的润滑剂，能让家庭永远沐浴在春风细雨中，从而使夫妻间的关系更加和谐美好。

恰当的幽默让婚姻质量更高

爱是需要活力的。这种活力，除了爱本身所具有的之外，还需要双方通过自身的努力去增强。在幽默中增强爱的活力是不错的选择，因为幽默能使尴尬的场面瞬间化解，能使吵架的夫妻重新和好，能使爱情永远保持新鲜。

所谓"一日夫妻百日恩"，夫妻之间大多不会刻意计较对方，也不会在意对方的借口是否恰当。巧用一些听起来荒唐的幽默理由为自己辩解，要比一声不吭明智得多。

家不是讲理的地方，夫妻之间不需要过多的严肃、认真和正经的是非理论，反而是嘻嘻哈哈、胡说八道的歪理幽默必不可少。在多数幸福的家庭里，妻子或丈夫恰恰是凭歪理、胡言的曲解幽默赢得了对方的欢心。

有一天，妻子嘟囔着对丈夫说："你看看隔壁家的先生，每回出门都吻他的妻子，你就不能学学人家？"

丈夫说："当然可以呀！不过，我现在和他家太太还不算太熟。"

妻子说："那你还记得今天是我的生日吗？为什么不给我准备一个礼物呢？"

此时，丈夫才意识到自己的粗心大意。但是，他立刻说出了一句漂亮的话："亲爱的老婆，我原本不打算让你想起自己又老了一岁的。"

虽然幽默诙谐的语言不足信，却能在一定程度上消解妻子的怨气。

家庭是男人与女人用爱情建立起来的，同时又是要靠爱情来维系的栖息地。夫妻之间的是非恩怨，不是只靠某种道理就能讲清的。因此，夫妻之间的某些行为也就不能轻易地用是非对错来判断，此时，歪理往往能产生幽默效果，缓解矛盾。

这么搞笑、幽默的化解方法，使这对夫妻的爱情显得那么活泼、有活力，足见他们夫妻间的感情很深。

其实，夫妻间调节感情的办法非常多，只要两个人用心去对待，什么矛盾都能被轻易地化解。在家庭生活中用幽默化解矛盾，不但能使气氛得到缓解，而且能唤醒夫妻平时的默契，这种默契往往会很有效地消解矛盾。用幽默来处理夫妻间的矛盾不但效果明显，而且能让彼此间的感情加深。

傍晚，华灯初上，一对年轻夫妻并肩在街上散步。妻子说话的兴致很高，滔滔不绝，丈夫却有点心不在焉，时时无话可答。

猛然间，他打断了妻子的话题："你知道你什么时候话最少？"

妻子茫然摇了摇头。

过了片刻，丈夫说："二月份。"

"为什么？"妻子迫不及待地问。

"因为二月份只有二十八天嘛！"丈夫说完，抿嘴一笑。

妻子恍然大悟，笑着捶了丈夫一拳，反驳说："谁像你，白天说的话不如夜里梦话多呢！"

这样的幽默无疑为爱情又涂了一层蜜，这样的爱情想没有活力都难。

有时候幽默的力量使用得十分温和，我们可能觉察不到它。但是它的确使爱人的心情愉悦，这无疑有助于爱情的升华。散文家张小娴说："两个人的结合，就像两首曲子交会成一首，由于原先的曲调、节奏各不相同，所以需要两者的协调与合作，才能会成一曲比原先任何一曲都好听的音乐，如果配合不当或失误，这首曲子一定比原先任何一曲都更糟糕。"所以，这需要两个人恰当地运用幽默，使两首曲子得到完美结合，唤起爱情的活力，使家庭生活永远朝着健康、高质量的方向发展。

用幽默的方式教育孩子

在家庭教育中，什么样的方式是最有效的呢？当然是最适合孩子的教育方式。孩子天性喜欢玩耍。他们喜欢轻松、娱乐的教育方式。如果父母的教育既是快乐的又是有启发的，那么，他们就是乐于接受的。当然，他们最讨厌枯燥的说教。

因此，作为家长，以幽默的语言教育孩子，以娱乐教学为主，营造轻松活泼的家庭氛围，对孩子的教育就是最好的方式。

米哈伊尔的小儿子舒拉很调皮。

有一次，为了吸引家人对他的关注，他居然一口气喝了半瓶墨水。此时，家里人都急坏了：墨水进了肚子，那可怎么办？米哈伊尔的母亲赶忙给医院求救电话。

这时，米哈伊尔从外面回来了。看到这种状况时，他并没有慌张，而是平静地问儿子："你真的喝了墨水？"

舒拉一脸得意地把带墨水的舌头伸出来，还做了个鬼脸。

米哈伊尔转身去屋里拿出一沓吸墨纸来，对儿子说："这是吸墨纸，不让墨水留在肚子里，你把它们嚼碎了吃下去吧！"

一下子，舒拉就成了霜打的茄子——蔫了，再也得意不起来了。

一场虚惊就这样在家人的嬉笑声中结束了。从那以后，舒拉再也没有做过这类强出风头的傻事。

米哈伊尔心里很清楚，墨水不至于让舒拉中毒，所以他就正好通过这次机会好好地教育一下儿子。米哈伊尔的幽默教育不仅让儿子认识到了自己的错误，而且让他长了记性，从此再也不敢做类似的傻事，这种方法实在高明。

遇到像舒拉这样调皮的孩子，家长们总是倍感头疼，而且经常对家里的调皮鬼无可奈何。在这种情况下，假如我们能利用合适的时机逗他一下，可能会在教育上收到事半功倍的效果。牛牛就是这样学乖的。

牛牛今年刚上幼儿园中班，这一天，妈妈送他到教室门口时，他使劲抓住门框，不管怎样就是不肯进去。

这时，班主任胡老师走过来，笑着对牛牛说："我就知道牛牛最喜欢咱们这个教室门框了！摸久了，门框会害羞呢！快进来吧！"

听了老师这句话，牛牛高兴了，笑嘻嘻地走到自己的座位上。

胡老师的幽默话语不仅把想撒娇而又未能撒娇的牛牛给逗乐了，而且让他乖乖地走进教室去学习。胡老师这种幽默的教育方式是值得我们每个家长学习的。

父母对孩子既不能过于溺爱，又不可以过于强硬。在教育孩子的过程中，应多使用一些幽默的方式，因为这样不仅可以让孩子在愉快中学到东西，还能让孩子养成活泼开朗的性格，给家庭生活增添更多的乐趣。

梁启超是近代史上的一位巨人，他的聪慧早在幼年时期就已表现出来，而这正是得益于父亲对他的正确教育。

梁启超10岁时的一天，随父亲到朋友家去做客。刚进院里，他就偷偷将一枝蓓蕾初绽的杏枝折下，掩在宽大的袖袍里。没想到，他的这一举动正巧被父亲和朋友的家人看见。父亲虽平时教子甚严，此时却不便当面指责。

之后，酒筵上父亲总为儿子这件事惴惴不安，并不动声色地暗示儿子。他父亲当众说："开宴之前，我先出上联，若谁能对出下联，方可举杯畅饮，要不就只能为长辈斟酒沏茶，不准落座。"

他略加思索后，出了上联："袖里笼花，小子暗藏春色。"

顿时，梁启超心中一凉，有所领悟，但也并未失色，随口就对出下联："堂前悬镜，大人明察秋毫。"

父亲面对儿子的不雅之举，不是当面点破，而是采取了文雅、含蓄的方式来对其表示批评。此举可以说是一箭三雕：既暗示出批评，又不让孩子当众出丑，同时还显示了严格的家教。

当然，我们不能要求每位父母都像梁启超父亲一样饱读诗书，但有一点不难做到：用幽默的态度、方式对待孩子，并帮助他们克服自身的缺点，使错误得以改正。

晚辈要懂得对长辈适当的幽默

一般的家庭可能由两辈人组成，核心家庭中可能只有一对同辈人，也就是夫妻，但是较大的家庭则有可能由两组三辈或三辈以上的成员组成。这时候，同辈之间或者长辈对晚辈运用幽默的情况较多，但晚辈也可以通过适当的方式对长辈幽默。

有一位画家，总希望儿子继承他的事业。他要儿子学习画画，可儿子另有志向。时间长了，父子间总有隔阂。一直到儿子16岁，父亲还是固执地强迫儿子这样做，儿子苦不堪言。这天，儿子拿着一张白纸交给父亲，说已经画好了。父亲不解地问："你的画呢？"

"爸，在这张纸里，你可以看到一匹马，它正在吃草。"

"草在哪儿？"

"给马吃光了。"

"那马呢？"

"草吃光后，它就走了。"

画家笑了，从此不再让儿子画画。鲁迅有句话：不在沉默中爆发，就在沉默中灭亡。试想，这位儿子如果把对父亲的不满强忍在心里，久而久之，会积累成怨恨，父子关系肯定崩溃；如果儿子采取过于激烈的反抗，也会导致父子不和。所以，晚辈对长辈适度的幽默有助于双方的沟通和互相理解。让我们不妨读读下面的故事。

一天，妈妈让儿子把他的女朋友叫来吃晚饭，儿子见菜少，不肯去。此时妈妈从冰箱里拿出刚从超市买来的"德州扒鸡"，儿子立刻就要骑车前往女友家去请人，他妈妈问："怎么主意变得这么快？"儿子说："妈，这叫随'鸡'应变嘛！"

上面这个小幽默故事，体现出母子关系的融洽。家庭成员之间多有血缘关系，这种血缘关系是爱存在的基础，家庭幽默也总是在这种爱的基础上形成的，下面是一段孙子和祖母的对话。

孙子很爱吃祖母做的包子，但对她焖的米饭很失望。他幽默地对祖母说："奶奶，您做的包子馅多，好吃，一看到它我就流口水。"他的祖母听了以后很高兴地说："那是啊，你奶奶做包子可是有几十年的功夫了。"孙子接着说："奶奶，您焖的米饭更好，可以起个好听的名字叫'三层饭'吧。"老人不懂什么是"三层饭"，孙子笑了："上面一层烂，中间一层生，底下一层焦，这不正好是'三层'吗？"祖母笑着朝孙子的手心打了一下："你这张小嘴，还笑话我呢，咱们北方人就是不太会焖米饭啊!"

这段对话,既富有生活气息又增进了祖孙之间的感情。诚然,长辈与晚辈由于出生时代不同,在年龄上、知识结构上也存在差异,对事物的看法总是不一致的,有时候长辈的思想也可能确实跟不上时代。晚辈看待长辈,不能认为长辈迂腐可笑、啰里啰唆、思想僵化。当晚辈不理解长辈的意思,不同意长辈的看法时,要善于运用幽默的方式表达不同的意见。但不管怎样,要处理好和长辈的关系,首先要有一颗尊敬长辈的心。

有意识培养孩子的幽默感

一个称职的家长要做的是,了解你的孩子,不要轻视孩子所做的那些能让你开怀大笑的"傻事",应该鼓励孩子的幽默。对他们的幽默感做出肯定的表示。家长应注意倾听孩子回家后讲述的有关学校生活的小笑话,并发出会心的笑。如果孩子有足够的幽默感,大人还可引导他们编幽默故事,甚至添加一个令人捧腹的结局。在家庭里,我们不妨让小孩子成为幽默的主角。

有时候,小孩子也会耍弄诡计。

一个小男孩回到家里,一手拿着一个冰激凌,母亲问他:"你把钱都花光了吗?"

"什么钱也没花。"男孩回答说。

"有人送给你的?"母亲问。

小男孩摇摇头。

"不会是你偷来的吧?"

"不是。"

"那么你手上的冰激凌是怎么来的呢?"

"我告诉售货员小姐说,我这左手要个巧克力的,右手要水果的。然后我说她可以自己伸手到我口袋里拿钱,但是请当心,别碰到我心爱的小蛇。"

儿子的幽默会让母亲大笑一番,可是家长对类似上面故事中孩子的行为也要适当地加以引导和教育。有时候,面对孩子的诙谐幽默,你几乎无法拒绝。

父亲对女儿说："你不是答应我不胡闹吗？我跟你讲好的，胡闹的话就要挨打。"

"是啊！"女儿表示同意，"我没有遵守自己的诺言，所以，如果你不遵守自己的诺言，我也不会怪你。"

从孩子认为父母无所不知、无所不能，到他能以幽默的方式与父母交流，是一个可喜的变化，这说明他们成长了。这时，幽默语言，就成了父母和子女之间一种新的共同语言。

有一位父亲把当年装有结婚照片的相簿拿给小女儿看。

小女孩看着照片，先是颇感不解，继而突然眼睛一亮。"我明白了！"她说，"就是这个时候你把妈妈带回家来，帮我们做家事的。"

当小女孩的父亲回忆起以前的美好往事，女孩以幽默的言语和父亲一起开心。

有时候，年轻人以幽默方式来看他们父母的角色。

女儿借用家里的轿车出去约会，后来男朋友问她："你父亲对我们闯的小车祸说了些什么？"

"你要我把坏的字眼略掉吗？"

"是的。"

"好，他什么话也没说。"

孩子是爱情的结晶，是家庭中最具活力的成员，孩子有纯真的心灵，孩子本身就能给父母带来无尽的欢乐。我们应该让孩子成为家庭幽默的主角，使孩子养成乐观开朗的性格和与人为善的品质。

选择用幽默的方式批评

父母总是喜欢孩子的，无论孩子成就多大、本领多强，负责任的父母一旦发现孩子有什么不对，都应该及时指出。

在现代家庭中，很多年轻夫妻都习惯将孩子交给爷爷、奶奶，或是外公、外婆来带。这时，长辈对晚辈不方便直说的话，就可以使用幽默来应对。

有一位老人有 4 个孙儿女，孩子们经常被送来交给她照管。

她对儿子和儿媳说:"孙儿们在我这里,会带给我双重快乐!"

儿媳问:"怎么说呢?"

老人说:"他们来时,我很高兴;他们走时,我也很高兴。"

这位老人用幽默、含蓄的方式表达了她对儿子、儿媳不照看孩子,总将孩子交给她来照管的不满。

在家庭成员的角色中,岳母往往会被塑造成某一种刻板类型,她们自己也很清楚这一点。

有一个女人,她女儿刚刚结婚不久,并且是嫁到外地。有人就问她:"你不去看看女儿和女婿吗?"

她幽默地答道:"现在不去,我想等他们生了小宝宝以后再去。因为我觉得祖母要比岳母更受欢迎!"

她将自己的想法幽默地表达了出来。要想营造两代人之间和谐融洽的关系,首先就要加强彼此间的情感交流。然而,一些做父母的为了在子女面前保持威严的形象,总是表现得不苟言笑,更不用说对子女表达自己的爱意了。

其实,父母对子女运用幽默的机会有很多,关键就在于要有一种平等的观念与态度。尽管父母对孩子拥有监护权,有责任和义务去管教,但关键是要让孩子明白事理。要知道打骂、训斥不仅达不到教育目的,还会伤害子女的自尊,使其产生逆反情绪,这样就更不利于子女的成长与发展。此时,可运用幽默的方式对其进行教育。请看下面的事例。

有一家人在吃饭时,儿子感慨地说:"外国人就是比中国人文明,用餐就能体现出来。看人家外国人用的都是金属刀叉,而我们中国人用的却是两根竹筷子,这明显是缺少分量。"

父亲听后很生气,但他并没有发火,说道:"这个问题很好解决。"

随后,父亲拿起火钳,塞给儿子说:"那你用这个吃吧,也是金属的,分量也肯定够!"

这位父亲并没直接训斥儿子崇洋媚外,而是巧用幽默来对儿子进行批评,从而使其更易于接受。

用幽默的方式和婆婆聊天

在家庭关系当中，婆媳关系是最难处理的一种。作为男人最亲密的两个女人，潜意识里往往有一种"争抢"的心理，相处起来很难。当然，作为儿媳，如果平时嘴巴甜一点，说话幽默一点，乖巧一点，更容易得到婆婆的疼爱，起码也能得到丈夫的理解和尊重。

没有人不喜欢别人的夸奖，对儿子的夸奖，更是对母亲的直接恭维。当然，这样的夸奖是需要融入风趣语言的。在婆婆面前，多说老公的好话："小刚特别知道上进，特别有出息，现在已经是部门经理了，我现在走出去都带风，可得好好感谢您！"不过，也可以说点风趣的话，说说老公的小坏："妈您看他，也不让着我点，今天终于让我找着靠山了，看你在妈面前还敢欺负我！"这样略带幽默的小撒娇，往往更能让婆婆感觉到你女儿般的娇憨和对她的依赖，你们之间的关系也会更加亲密。

与婆婆聊天，我们不要那么紧张，要放松自己，多运用幽默的语言，多和婆婆拉家常。说说她儿子、孙子孙女的事情，老年人会更高兴。老年人社会交际较少，消息也比较闭塞，她们感兴趣的话题往往围绕着自己的身边人，尤其是她的两个"小心肝"，更是一刻也放心不下。如果有一个较开朗的婆婆，她往往还会对街头趣事、电影情节、毛线花色、衣服式样、老年娱乐活动等感兴趣，如果能找到对方喜欢的话题，和她常常聊聊天，也能让婆媳之间的关系更融洽、更亲密。

在《红楼梦》里，凤姐可以说是一个幽默而聪明的女人。我们来看看她是如何讨贾母欢心的。

贾母曾说起自己年轻时摔过一跤，导致鬓角上出现指头顶大一块窝儿。按说，这是贾母的身体缺陷，一般人是不敢拿这个说笑的。凤姐却能够化腐朽为神奇："那时要活不得，如今这大福可叫谁享呢！可知老祖宗从小儿的福寿就不小，神差鬼使碰出那个窝儿来，好盛福寿的，寿星老儿头上原是一个窝儿，因为万福万寿盛满了，所以倒凸高出些来了。"这话说得贾母十分高兴。

有一次玩牌，凤姐通过鸳鸯的暗示，早已知道贾母需要什么牌，却先装模作样地算计一番，把那牌打出去，然后赶紧往回抢，说"我出错了"——一是继续装腔，使戏演得更加真实；二是提醒贾母，你要的牌来了。果然贾母赶紧说"你敢拿回去"，赢得非常高兴，凤姐还假装抱怨了半天。

揣摩婆婆的心思，对媳妇而言非常重要，只要把婆媳关系搞好了，整个家庭就会幸福了。其实，婆婆需要哄，无论是谁都喜欢听溢美之词，婆婆听了自然也会高兴。只要儿媳平常能有意识地这样做，婆媳关系也会变得越来越和谐。

老人经常说的一句话"生在新中国、长在红旗下"，吃苦耐劳、勤俭节约、团结友爱以及牺牲精神，也可以概括为"雷锋精神"，这些品格几乎是我们父辈这一代人共同的时代品格，具有时代的烙印。

作为媳妇的"80后""90后"，生长在改革开放时期，吃的穿的都不发愁了，并且受到了更多的教育，这一代人和老一代人的差距是不言而喻的。

有这样一个故事：

身为数学老师的婆婆喜欢讲一个"省"字，省水、省电、省钱、省粮食，因为她不爱浪费，喜欢节省，所以她有一个外号——"省长"，还是儿子给她起的。

儿子跟他媳妇说："我妈是'省长'，我妈到咱家之后，一定会处处节省的。"

未雨绸缪，做丈夫的还没等母亲驾临，就先给儿媳妇打一剂预防针，以免产生矛盾。

"省长"母亲和她丈夫来到儿子家以后，矛盾真的发生了。但是，儿媳妇是一个聪明的女人，来了一个软着陆。

有一天，婆婆对媳妇说："窗帘脏了，地也脏了，咱们一家人彻底做一次大扫除。"

儿媳妇在公司里忙了一周，双休日好不容易可以放松一下，她可不想把自己变成打扫卫生的"灰姑娘"。

于是，她赶紧跟婆婆说："妈，我来打扫卫生。您去超市，看看有什么便宜货没有？"

婆婆很高兴地走了，媳妇赶紧叫小时工来把一切都打扫好，最后把窗帘拿下，让小时工送到洗衣店。婆婆回来一看收拾得这么干净，惊讶地说："我刚去了一会儿，你怎么收拾得这么干净？"

媳妇实话实说："刚才我请了一个小时工。"

婆婆一听就急了："年轻人，真是败家，我这一走，你又浪费了这么多钱。"

儿媳妇摸透了婆婆的心思，她说："妈，我给你讲一讲，人家那些小时工，有的是下岗工人，有的是家里比较困难的，还有勤工俭学的女学生，这些人挺困难的。我们现在生活水平相对好一些，可以请他们做做。如果不让他们做，人家很可能就没有生意了，人家吃什么？请人家做事，也算帮助他们了。"

婆婆一听也有道理，看婆婆不反对，赶紧说："妈，你平常不是总捐钱吗？这也算是儿媳妇替你做了善事，好不好啊？"

这样一来，婆媳之间不但没有产生矛盾，她们之间的关系反而更加融洽了。

可是，如果媳妇摸不透婆婆的心思，见婆婆反对请小时工，她说："别那么抠，您干吗呀，那么大岁数了。"

同样的一个意思，但是这样的话就非常难听，惹得婆婆不高兴："你怎么训我，我还轮不到你训呢！"这样一来，婆媳之间的矛盾就会不可避免地爆发了，所以摸透婆婆的心思很重要。

婆媳往往都会陷入一种心理误区，认为都进了一家门了，都是一家人了，随随便便地说话也没有什么，尤其是性格爽朗的老人更是随便，觉得不必讲究。

实际上，世间万物中，人最复杂，如果我们有好的理念，心里想的就是要把人际关系搞好，我们就会有很多方法处理。如果我们很随便地待人接物、说话，脑子里没有这个思想，就会产生很多不同的说话方式，引起很多不必要的矛盾。

世界上没有一百分的婆婆，也没有一百分的儿媳。假如婆婆是50分，儿媳也是50分，那么我们可以做一个加减法，如果加起来就是百分百的婆媳关系；如果减没了，关系也就彻底终结了。婆媳之间如果互相指责，就是在做减法，今天减一分，明天减一分，家庭的甜蜜就这样一点一滴地被减掉了。如果婆媳之间互相理解和善待，就像是做加法一样，幸福家庭就是这么一点一点被建立起来的。

在家里，婆婆如果年事已高，身体不好，儿媳就要给予多一些关怀或体贴，忙时打个电话，问候一下，闲时常和老公回家，寻问公婆的身体，和他们讨论一下健身和保健品的话题，多提醒对方注意保暖、注意休息之类的，婆婆的心里也会热乎乎的。平时多体贴一下："妈，今天我做饭，您也放一天假歇一歇""您有老寒腿，爸风湿也不舒服，这两天你们别出门了，有什么事让我们去帮您办"。说几句诙谐温暖的话，你们的关系就会更加亲近。总之，只要用心经营，言语之间少一些生疏冷漠和怠慢，多一些体贴和关爱，婆媳之间的关系也可以处理得很好。

幽默会促进家庭幸福

在任何时候，幽默都是一种才华，一种智慧，一种力量，更是烦闷生活的调剂品。而对于每一个温馨家庭来说，幽默也是必不可少的和谐剂，因为它以愉悦的方式表达了真诚大方，使本来安静的生活充满了激情，使本来平淡的日子焕发出不一样的色彩。老舍先生也忍不住赞赏："幽默者的心是热的。"在彼此组成的家庭里，有的人发现相爱容易相处却很难，日常生活中常常因为一点小事就批评责备对方。

此时，如果能以幽默诙谐的语言来代替责备，那么不仅可以准确地传达你所想表达的意思，而且更容易让对方在愉快中接受你的建议。有人抱怨家里整日战火不断，但究其原因都是一些鸡毛蒜皮的事情，它们就像是导火线，一旦被触发就会引来一系列的冲突和矛盾，也破坏了原本深厚的夫妻感情。

那些富有幽默感的家庭就显得格外和睦，幽默在无形中增进了你与家人的关系，从而改变你自己，帮助你战胜来自人生的种种压力，还可以使家人更加喜欢你，信任你。幽默，让家里变得更加和谐温馨，在愉悦的家庭氛围中，彼此更容易发现幸福生活的美好，也更容易获得家庭的幸福。在家庭生活中，舍弃那些冷冰冰的、客气的语言，用幽默取而代之，你就会发现幸福是一件多么容易的事情。

莎士比亚说："幽默和风趣是智慧的闪现。"生活如果离开了幽默，就会缺少很多欢乐。在餐桌上，每一道菜肴都需要添加调味品，才会显得更美味，这就如同每一个家庭都需要幽默才会更加温馨快乐一样。

对于每一对夫妻来说，幽默是生活中不可缺少的重要内容。实际上，幽默可以让两个人之间的关系变得更为和睦，那本难念的经也会变成美妙的和谐曲。

有一对夫妻，他们喜欢用幽默来代替一切责备或者争吵。

刚结婚时，两人因为琐事而争吵了起来，太太忍不住叫了起来："我们之间结束了。我要去收拾东西，离开这里回我妈家。"

"很好，亲爱的，车费在这里。"先生拿来车费。

太太接过钱，突然说："我回来的路费怎么办？"

两人"扑哧"一笑，化解了争执。

每天出门工作之前，先生都有喝牛奶的习惯。有一次，太太因为忙于工作，连续三天早上都忘记了给先生出门前准备一杯牛奶。先生也不作声，也不责备，照样还是认真地出去工作。一直到第四天早上，太太才想起来，愧疚地向先生道歉。

先生也幽默地说："我想忘记一天也是情有可原的，连着三天都忘记，我以为你要给我'断奶'呢！"

妻子听后，哈哈大笑，事情就这样化解了。

幽默是家庭生活的和谐剂，它能使紧张的家庭生活变得和谐温馨。当生活中多了一些幽默感，我们就会在愉悦的家庭气氛中忘记生活的紧张和压力，忽略了之前的种种争执。幽默是人生的润滑剂，两个人在日常生活中若是恰到好处地使用幽默这一法宝，不仅可以活跃家庭气氛，增加生活乐趣，还可以拉近彼此之间的感情距离，促进家庭和谐。

在日常生活中，男人大多喜欢看体育节目，可女人不喜欢，那么如何让妻子陪自己看足球呢？下面我们就看一下这位先生是怎样利用足球来制造幽默的。

有一对年轻的夫妇，丈夫爱看球赛，妻子喜欢看电视连续剧，可是家里只有一台电视,所以要达成共识并不容易,多数情况都是丈夫主动做出让步。

不过这位丈夫还挺有心,平常一有机会,他就向妻子宣传体育知识,聊聊球赛趣闻。久而久之,妻子的兴趣也就被他调动起来了。偶尔也跟他一起观看体育比赛。

又到了四年一届的世界杯足球赛,妻子整个人都被精彩的比赛吸引了,这时,丈夫才煞有介事地对妻子说:"看你现在的高兴劲儿,我想起了一句老话。"

"什么话?"

"知足常乐!"

"为什么会想起这句话呢?"

"知足常乐嘛,就是知道足球以后,就会常常乐了呗!"

丈夫的调侃多么富有情趣,这样的生活才称得上琴瑟和谐,才是永葆新鲜的相处之道。当然,夫妻间的幽默随处可见,生活中的很多事情都可以为两人增添情致。

千万不要因生活中的琐事而烦恼,也不要抱怨婚姻生活充满了"柴米油盐"之类的事情,并因此而不再浪漫生活。生活处处都有幽默,关键是你有一双怎样的眼睛。

如果家庭成员多了几分幽默感,那么无形之中就多了一些快乐。少了一些烦恼;多了一些轻松,少了一些摩擦。也许,就是那看似逼真的笑容、滑稽的表情、自嘲的话语、讥讽的变调等,它们都作为幽默的一种方式爆发出巨大的力量。那时,彼此之间再也感觉不到剑拔弩张,再也没有战火,只有温馨、和谐、幸福。因为在很多时候,与直接提出意见相比,幽默更具有亲和力,也更容易让人在愉快中接受。

第十二章
演讲：诙谐幽默让人印象深刻

用幽默的开场白营造氛围

大家都知道，开场白给人的印象是最深刻的，往往能起到先入为主、吸引听众的效果。而精彩的开场白就像磁铁一样，可以紧紧地吸引听众，增强他们对活动内容的兴趣。那些有经验的主持人，他们的开场白，多是经过反复推敲、认真琢磨的。因此，现场主持一定要有精彩的开场白，应该打破千篇一律的格式，比如"现在开会，请领导作报告……"我们应该按照活动的具体情况谈会议的内容、活动的形式、会议的特点，或提出活动的要求，等等。因境制宜，灵活设计，在开场白中最好有几处诙谐幽默的内容，尽量制造乐趣，使听众发自内心地微笑。

如某校邀请话剧《光绪政变记》中慈禧太后的扮演者郑毓芝做演讲，主持人是这样开场的：

同学们，今天，我们好不容易把"老佛爷"慈禧太后请来了！"老佛爷"郑毓芝女士在戏台上盛气凌人，"皇帝""太监""大臣"见了都诺诺连声，磕头下跪。而在台下，她却和蔼可亲，热情诚恳。她方才和我谈起，她还曾扮演过《秦王李世民》中的"贵妃娘娘"、话剧《孙中山》中的"宋庆龄"。她是怎样把这些截然不同的人物表演得栩栩如生的呢？下面就有请郑毓芝女士上台开始她今天的演讲。

主持人很幽默地把发言人是谁，她的概况及发言的内容巧妙地介绍了出来。通常情况下，开场白的内容主要包括活动的背景、主题、目的、意义、程序。语言需要简明扼要、条理清晰，语调与主持人的表情都需要与活动气氛协调一致。

营销讲师金克言先生在一次有近千名观众参加的演讲会上准备演讲，可台下只响起稀稀拉拉的掌声。于是他说："从大家的掌声中可以发现两个问题：第一，大家不认识我；第二，大家对我的长相可能不太满意。"短短几句话缩短了他与观众的距离。台下观众大笑，掌声一片，反应强烈多了。他接着说："大家的掌声再次证明了我的观点！"话音刚落，台下观众笑得更厉害了，又是一阵热烈的掌声。这个开场白既活跃了场上气氛，又拉近了演讲者与听众的心理距离，一箭双雕，堪称一绝。

通常情况下，演讲开头的成败关键在于能否吸引听众的注意力。演讲时获取听众注意力的方式随着题材、听众和场景的不同而改变，一般可以运用事例、逸闻、经历、反诘、引言、幽默等手段达此目的。

钱锺书先生的小说《围城》中有一段故事，写方鸿渐到本县省立中学发表演讲，他事先精心准备了讲稿，可是到场后却发现稿子不在手边，这时急也没用呀，听众已在热烈鼓掌，方鸿渐只好上场了，但他的开场白却讲得很精彩。

吕校长，诸位先生，诸位同学：
诸位的鼓掌虽然出于好意，其实是最不合理的。因为鼓掌表示演讲听得满意，现在鄙人还没开口，诸位已经满意地鼓掌，鄙人何必再讲什么呢？诸位应该先听演讲，然后随意鼓几下掌，让鄙人有面子下台。现在鼓掌在先，鄙人的演讲当不起那样热烈的掌声，反觉到一种收了款子交不出货色的惶恐……

听了方鸿渐的演讲，听众大笑，记录的女孩也在笑，走笔如飞。
应该说，方鸿渐的开场白获得了极大的成功。为什么？当听众鼓掌后，他却一反众人常有之态，先假意否定听众鼓掌，引起观众兴致。听众想弄清"为什么我们的鼓掌其实是最不合理的"？方鸿渐的解释既出人意料，又幽默风趣，自然深受观众喜爱了。

在主持活动的时候，我们可以用富有启示性的诱导性的语言，引导现场听众融入活动氛围，让所有的听众集中注意力。开场白需要尽可能地避开死板的格式，而是应出语不凡，让听众不知不觉间进入自己精心设计的"圈套"。在开场白中，我们可以直接点题，提纲挈领、要言不烦地将活动的内容、主题说清楚，让现场的听众明白这个活动的主旨到底是什么。在开场白中，我们还可以巧妙地借题发挥，或是活动的气氛，或是活动的主旨，从而调动全场的情绪，制造适宜活动开展的气氛，让现场的听众亢奋起来。

诙谐语言让演讲别具一格

在演讲过程中，若是运用一些诙谐的言语，则会让你的演讲别有风趣。幽默的语言能充分调动听众的热情，而且给人留下深刻的印象，甚至期待你的下一次演讲。通常情况下，演讲内容大多是枯燥而乏味的，不是专业知识，就是大量的辞藻堆积，在这种情况下，演讲者讲得费劲，而听众听得也烦躁。更何况在现代社会如此快节奏的生活中，谁愿意坐上几个小时来听一些枯燥无味的演讲呢？唯一可能的理由就是，演讲者本身很有趣，总是擅长使用一些幽默诙谐的语言。否则，即便大厅坐满了听众，但对听众来说，却是人在曹营心在汉，他们根本就没注意听你讲了什么。

下面是外交部原部长李肇星在南京大学的一段演讲：

"我问你们洪书记讲什么，洪书记说，你放开来讲吧，这是南大的传统。这个授权太大。由此我想起一个未经证实的小故事，美国前总统小布什，一次给全国老百姓演讲，说：'我今天讲以下五点。'结果讲到第四点，想不起来第五点了（笑声）。以后小布什讲话，再也不事先说讲几点了，常说'我讲以下几点'。所以，今天我向人家学习，也讲以下几点。

"我大学读的是英文，现在，谁都会说 OK，大学生、小学生都会说，当官的会 OK，小品演员更不用说。但我读大学一年级的时候，一说 OK，老师就要扣分。为什么呢？原来，OK，是美国最大的海港纽约港一个码头工人英文名字的缩写。这个码头工人，没有念过什么大学，也没有念过中学，就是干粗活的，他负责检查包装箱是否合格，他认为合格，就会写上自己的英文名字：一个'O'一个点，一个'K'一个点。慢慢地，人们一看到 OK，就知道可以了，好啦！所以，现在一个事情好了，大家都说'OK'。

"欧洲文艺复兴之前，在现在的意大利所在的亚平宁半岛上有一个地方叫佛罗伦萨，它是但丁的故乡，那里的饭菜做得不错，餐厅里的男服务员为了吸引顾客的注意，用脚尖走路，上牛肉的时候，头上戴的牛角，上羊肉的时候头上戴的羊角，事实上这就是芭蕾舞的起源。

"最初的芭蕾舞是以男主角为中心，妇女是不能上场的，后来法国出了个国王，叫路易十四，也叫'太阳王'，他从佛罗伦萨娶了一个女孩，这个女孩就把原始的芭蕾舞带到法国的皇室。慢慢就有了商业性的演出，但还是以男演员为主，女演员上台演出，必须穿拖地的长裙，到 1688 年，有四个女孩特别大胆，她们背着导演，背着舞台监督，商量好要脱掉长裙穿比较短的裙子演出，没有想到演出效果出乎导演的意外，受到观众的喜爱。从此以后，女演员慢慢占领舞台中心。你看，这么高雅的艺术，也是劳动人民创造的。

"我对南大很有感情。很早就读过匡亚明校长的文章。"

在整个演讲过程中，可谓笑声不断，能容纳 500 人的礼堂顿时爆满，连人行道都站满了人。由于李肇星诙谐的语言，使整个会场的气氛变得轻松而愉快，他与学生之间的距离一下子缩短了。

微软公司总裁兼 CEO 史蒂夫·鲍尔默，2000 年 9 月 19 日，在清华大学礼堂做了题为"一切都会在互联网中实现"的演讲。他的演讲是这样开始的："能够在这里和大家交流，是我无比的荣幸。对我来说，学生几乎是我最乐于为之做演讲的听众。张亚勤（主持人）介绍了我的学生时代，当时我和比尔·盖茨一起在哈佛读书。我可以向大家保证，我曾经当过学生，我也曾经有过头发。"这个诙谐幽默的开头，缩短了演讲者和听众之间的心理距离，营造了轻松的交流气氛。

对于演讲者来说，需要充分显示自己的幽默感。一句得体俏皮的话，会立即缩短你和听众之间的距离，并获得听众的好感；几句应对难题的机智回答，会让自己摆脱困境，并展示美好的自我形象，获得听众的同情和赞美。

著名书法家启功也喜欢诙谐风趣地说话。一次参加学术研讨会，主持人说："下面请启老做指示"。启老接上去的话却是："指示不敢当，因为我的祖先活动在东北，是满族，属于少数民族，历史上通称'胡人'，所以在下所讲，全是不折不扣的'胡说'……"逗得全场观众哈哈大笑。

现实生活中，有一些领导干部不会脱稿演讲，只会照本宣科念稿，不论是大小会议，面对媒体记者，还是酒会应酬场合，讲话均需秘书写讲稿，结果是领导干部话风趋同，毫无演讲者个性，听众昏昏欲睡。而也有这样一些领导，他们演讲时幽默风趣，一句诙谐的语言就带动了全场的气氛。

说话富于幽默感的人，在感染周围听众的同时，也会给听众增添快乐。领导干部在演讲时，如果能发挥幽默的作用，让听者产生激情，那么，他的演讲内容就会感动听众，征服听众，群众才会信任他，佩服他，追随他。

即兴讲话要融入幽默风趣的语言

若想即兴讲话能够有效地抓住听众的注意力，需要融入风趣幽默的语言。有的即兴讲话是在灵感迸发的时候产生，这样的讲话通常会在讨论会上、酒宴上、各种聚会上，偶尔也会在意外情形中发生。这种即兴讲话大多风趣、幽默，讲话者可以通过别人的一席话来使自己产生联想，或者借景生情引出自己的思绪，达到风趣幽默的目的，让自己的讲话趣味十足。人们通常在特定的场景中发表即兴讲话，为了使讲话有趣，不妨关注眼前的客观事物，从而让自己产生某种兴致而临时发表讲话。所谓"兴之所至，有感而发"，这种讲话大多是风趣而幽默的。

1945 年 5 月 4 日，云南大学、中法大学等高校的大学生，在云南大学的操场上举行纪念"五四"大会。会议开始不久，天空突降暴雨，一些学生离开会场避雨去了，会场秩序大乱。这时闻一多迎着暴雨站在台上高呼："热血的青年们过来！继承五四精神的热血青年站起来！怕雨吗？我来讲个故事：今天是天洗兵！武王伐纣那天，军队正要出发，天下大雨，于是领头人说，'此天洗兵'。把蒙在甲胄上的灰尘洗干净，好上战场攻打敌人。今天，我们集合起来纪念'五四'运动，天下雨了，这也是天洗兵，不怯懦的人上来，走近来！勇敢的人走拢来！"

相比那些枯燥无味的讲话，听众更青睐于那些风趣而幽默的讲话。本来，参加某种活动就是一件愉快的事情，但是如果在开始之前还来一番枯燥无味的讲话，岂不是减少了活动本身带来的欢乐气氛；若是参加会议，就更需要发表有趣的即兴讲话了，会议本身是枯燥、无聊的，若是来一点有趣的即兴讲话，在某种程度上会让听众疲劳的大脑得到暂时的休息。

1990 年，中央电视台邀请中国台湾影视艺术家凌峰先生参加春节联欢晚会。当时，许多观众对他还很陌生，可是他说完那段话之后，一下子就被观众认同并受到了热烈欢迎：

"在下凌峰，我和文章不同，虽然我们都获得过'金钟奖'和'最佳男歌手'的称号，但是，我是以长得难看而出名的……所到之处呢，观众给予我们很多的支持，尤其男观众对我的印象特别好。因为他们认为本人的长相很中国。中国五千年的沧桑和苦难全都写在我的脸上。一般来说，女观众对我的印象不太良好，她们认为我是人比黄花瘦，脸比煤炭黑。"

这一番话嬉而不谑，妙趣横生，观众捧腹大笑。通过这段话他给人们留下了非常坦诚、风趣幽默的印象。不久，在"金话筒之夜"文艺晚会上，只见他满脸含笑，对观众说："很高兴又见到了你们，很不幸你们又见到了我。"观众报以热烈的掌声。至此，凌峰的名字就传遍了祖国大地。

虽然讲话者采用了自嘲的方式，但效果却很好，这样的讲话幽默风趣，体现了讲话者超脱一般的思维能力，而且有效地吸引了听众的注意力。

某领导在为文联做形势报告时，当他走上台来，一眼就看到了洁白的台布上放着一个插满鲜花的花瓶，他小心地把花瓶移到台下，然后发表了这样一段讲话："我这个人做报告，很容易激动，激动起来就会手舞足蹈，这花瓶放在台上就有点碍手碍脚了，说不定我一激动，就碰翻把它摔破了，我这个普通干部还赔不起呢？"

这种即兴讲话，不仅活跃了气氛，而且委婉地批评了讲排场的风气，让听众在笑过之后能够领悟其中的深意。幽默是活跃气氛最好的方式，它可以缓解活动或会议现场的紧张、尴尬气氛，重新营造一种愉快的气氛，同时还可以展现说话者自身的涵养。对于公开场合的讲话，获得听众的好感才是讲话成功的关键之一，而幽默正是获得听众好感的有效方法。在较为正式或严肃的场合加上幽默贴切的语言，往往会使气氛活跃起来，同时也会让说话者在笑声中逐渐放松。

主持活动用幽默控场活跃现场气氛

幽默风趣的语言，对于活跃活动气氛、打破沉默局面、调动听众情绪具有很重要的作用。幽默风趣的主持人在主持活动时，活动的气氛通常比较活跃、热烈，听众参与的积极性也相对高一些；反之，若是缺乏幽默感的主持人主持活动，活动气氛则通常比较严肃、沉闷，而听众参与的积极性也很差。因此，在主持活动的时候，主持人需要适当插入幽默的语言，增强说话的生动性、趣味性，有效地掌握前场变化，这会让听众在活动中获得放松，促使大家在轻松愉快的氛围中结束活动。

"你太有才了！刚刚说管网建设，你们建设规划局说已经在规划范围内了，现在提到配套设施建设，你们也早规划好了，工作做得很到位啊！"市政协副主席某先生的一句话逗乐了在场的 20 多个人。整个座谈会在他的主持下，气氛非常活跃，诙谐风趣的语言频频出现。"我们也要搞'挂牌销案'的哦！小杨同志要好好记录，把责任人和联系电话都写上，开完会欢迎大家继续'追踪'！""我也代表市民来问一下好不好？为什么最近家里一大早放出来的自来水不是有点甜，而是有点黄啊……"

在这个案例中，主持人以自己风趣幽默的语言调动了全场的气氛，有效地控制了全场。足以见得主持人具有较高的语言功底。有时在活动中经常会出现沉默、冷场、离题、争吵等情况，这时主持人该怎么办呢？

在活动中，如果大家都不愿意发言而保持冷漠，这时作为主持人应该用幽默的话语暖场，也可以点名带头发言，以此调动听众的积极性，从而打破沉默的局面，比如"老李，我想你应该早就想好了发言的内容，正在那里跃跃欲试呢，我们可等着你的高见呢"，几句风趣的话语立即缓和了现场的气氛。

幽默结尾留下美好的回忆

在多种多样的演讲结束语中，幽默的结尾可算其中最有趣的一种。一个演讲者能在其演讲结束时赢得笑声，不仅是自己演讲技巧十分成熟的表现，而且能给本人和听众双方都留下愉快美好的回忆，同时也是演讲圆满结束的标志。

我国著名作家老舍先生是喜好幽默的。他在某市的一次演讲中，开头即说："我今天给大家谈六个问题。"接着，他第一、第二、第三、第四、第五，井井有条地谈下去。谈完第五个问题，他发现离散会的时间不多了，于是他提高嗓门，一本正经地说："第六，散会。"听众起初一愣，不久就欢快地鼓起掌来。

老舍在这里运用的就是一种"平地起波澜"的造势艺术，它打破了正常的演讲内容，从而出乎听众的意料，收到了良好的效果。

有一年，全国写作协会在深圳罗湖区举行年会。开幕式上，省、市各级有关领导论资排辈，逐一发言祝贺。轮到罗湖区党委书记发言时，开幕式已进行了很长时间。于是他这样说："首先，我代表罗湖区委和区政府，对各位专家学者表示热烈的欢迎。"掌声过后，稍事停顿，他又响亮地说："最后，我预祝大会圆满成功，我的话讲完了。"他以迅雷不及掩耳之势结束了演讲。

听众开始也是一愣，随后，即爆发出欢快的掌声。因为，从"首先"一下子跳到"最后"，中间省去了其次、再次、接着这样的讲话，如天外来石，出人意料，达到了石破天惊的幽默效果，确实是风格独具，别出心裁。

在某大学中文系一次毕业生茶话会上，首先讲话的是系党总支书记，他三分钟的即兴讲话主要是向毕业生表示祝贺。然后是彭教授讲话，他的主题是希望同学们继续努力学习，还引用了列宁的名言。第三个讲话的是潘教授，他朗诵了高尔基的《海燕》片段，以此勉励毕业生们学习海燕的精神。第四个讲话的系副主任希望同学们永远记住母校和老师们。紧接着，毕业生们欢迎王教授讲话。在毫无准备而又难以推辞的情况下，王教授站起来，先简单地回顾了数年来与同学们交往的几个难忘片段，最后一字一顿地说："前面几位给大家提出了殷切的希望，可我还是喜欢说他们说过的话。（笑声）第一，我要祝同学们顺利毕业！（笑声）第二，我希望同学们'学习、学习、再学习'。（笑声）第三，我希望同学们像海燕一样勇敢地搏击生活的风浪。（笑声、掌声）第四，我希望同学们不要忘记母校，不要忘记辛勤培育你们的老师们！"

在这里，王教授通过对前面四个人演讲主题的简练概括，旧瓶装新酒，不落窠臼，从而结束了一次机智、风趣且具有个性特点的演讲。

鲁迅先生在上海中华艺术大学演讲结束时说：

"以上是我近年来对于美术界观察所得的几点意见。今天我带来一幅中国五千年文化的结晶，请大家欣赏欣赏。"

说着，他一手伸进长袍，把一卷纸慢慢从衣襟上方拉出，打开一看，原来是一幅丑陋的月份牌，顿时全场大笑。

鲁迅先生借助恰到好处的道具表演，与结束语形成鲜明的对比，极具幽默，不仅使演讲在欢快的气氛中结束，而且使听众能在笑声中进一步品味先生演讲的深意。

在延安的一次演讲会上，当演讲快结束时，毛泽东掏出一盒香烟，用手指在里面慢慢地摸，但掏了半天也不见掏出一支烟来，显然是抽光了。有关人员十分着急，因为毛泽东烟瘾很大，于是有人立即动身去取烟。毛泽东一边讲，一边继续摸着烟盒，好一会儿，他笑嘻嘻地掏出仅有的一支烟，夹在手指上举起来，对着大家说："最后一条！"

这个"最后一条"，既是指毛泽东讲话的最后一个问题，又是指最后一支烟。其一语双关，妙趣横生，引得全场大笑，听众们的疲劳和倦意也在笑声中一扫而光了。

美国诗人、文艺评论家詹姆斯·罗威尔1883年担任驻英大使时，在伦敦举行的一次晚宴上发表了一篇名为《餐后演讲》的即席演说。最后他说："我在很小的时候听人讲过一个故事，讲的是美国一个卫理公会的牧师，他在一次野营的布道会上布道，讲了约书亚的故事。他是这样开头的：'信徒们，太阳的运行方式有三种，第一种是向前或者说是径直的运动；第二种是后退或者说是向后的运动；第三种即是在我们的经文中提到的——静止不动。'（笑声）先生们，不知你们是否明白这个故事的寓意，希望你们明白了。今晚的餐后演讲者首先是走径直的方向（起身离座，做示范）——即太阳向前的运动，然后他又返回，开始重复自己——即太阳向后的运动。最后，凭着良好的方向感，将自己带到终点。这就是我们刚才说过的太阳静止的运动。"

这种紧扣主题的传神动作表演，惟妙惟肖、天衣无缝，怎能不赢得现场观众的热烈掌声和欢笑声呢？

美国作家约翰·沃尔夫说："演讲最好在听众兴趣到达高潮时果断收束，未尽时戛然而止。"对于每一个演讲者来说，结束语是一个极其重要的步骤，尤其对于竞聘演讲来说更是如此。我们可以说，结束语是演讲者走向成功的垫脚石，结束语精彩，就好像乐曲结束时的"强音"，直达听众的心里；结束语糟糕，则好像吃花生米，吃到最后一颗却发现是坏的，又苦又涩，这会让整个演讲大失光彩。有时我们会听到诸如此类的结束语"我想我已经啰唆得够多了""我不知道自己是不是把这个问题讲清楚了""我通常并没有这么兴奋，也许是因为咖啡的缘故"，如此结束语几乎可以毁掉整个演讲。在实际演讲中，我们应该善用幽默结尾，这样才算是点睛之笔、锦上添花。

结尾对于演讲的重要性早已毋庸置疑。一个演讲者能在结束时赢得笑声，不仅是自己演讲技巧十分成熟的表现，更能给本人和听众都留下愉快美好的回忆，也是演讲圆满结束的标志。在多种结尾中，幽默是最能被听众接受的。我们在公共场合的演说，如果也能以幽默、风趣的语言结尾，那么，就能为演讲添加欢声笑语，使演讲更富有趣味，令人在笑声中深思。并给听者留下一个愉快美好的印象。

演讲的幽默式结尾是不胜枚举的。关键是我们要具有幽默感，并在演讲中恰如其分地把握住演讲的气氛和听众的心态，才能使演讲结束语产生"余音绕梁，三日不绝"的轰动效应。

演讲过程中适当用幽默的语言

通常讲话本身带来的感染力是较少的，毕竟所讲的大多是枯燥呆板的内容，你可以听听大多数人在公众场合的讲话，无一例外都是"第一、第二、第三"，诸如此类的条条框框，整个说话过程没有丝毫的趣味性。而对于听众来说，他们更希望听到一些有趣的内容，这就需要用到幽默的表达了。会使用幽默语言显示了说话者的聪明才智，它要求说话者有较高的文化素养和较强的语言驾驭能力。但是，在讲话过程中，幽默只是一种风格，一种方式，并不是目的，不能为幽默而幽默，一定要根据具体的题旨语境，适当选用幽默的语言。

有一次，英国上院议员基尔正在演讲，听众都很认真地望着他，并且侧耳倾听每一个字，但就在演讲即将结束时，突然有一个人的椅子腿断了，那个人跌倒在地上。如果这时演讲的不是像基尔这样机智的人，恐怕当时的局面会对演讲产生一种不利影响。但是聪明的基尔马上说："各位现在一定可以相信，我提出的理由足以压倒别人。"

就这样，他立刻拉回了听众的注意力，而那个跌倒的人也在别人善意的笑声中，找到了一个新座位。一个玩笑使双方都摆脱了窘境。

可见，在演讲过程中，幽默可以化解尴尬，重新让讲话者掌控演讲现场的气氛。

面对他人的嘲笑，要想取得论辩的成功，不但要敢辩，还要巧辩，在其中加一点诙谐的语言，会让自己更有气度，同时也能令对方陷入窘境。

冯玉祥将军在担任陕西提督时，曾有一个叫安德鲁的美国人和一个叫高士林的英国人在西山随意开枪打死了受保护的野牛，冯玉祥负责审问他们。

两个外国人说："贵国政府在我们的护照上签有允许我们携带猎枪的规定。"

冯玉祥说："照此说来，如果允许你们携带手枪呢，你们不是可以在中国境内任意开枪杀人吗？"

很显然，冯玉祥话中的意思是不允许外国人在中国境内任意开枪杀人，那么，也就不允许他们在中国境内开枪杀野牛。

在这个案例中，冯玉祥所使用的是否定式幽默。所谓否定式幽默法，是指在两个相对的事物存在的情况下，从肯定其中一事物出发，随之加入另一个事物的内容而达到否定前一事物为归宿的语言艺术。

有时候，我们可以通过反逻辑的方式制造幽默。此外，还有双关式幽默。双关式幽默法是利用一个词的语音或语意同时关联两种不同的意义并进行曲解的演讲语言艺术的方法。总之，作为讲话者，你可以参与一切有趣的谈话，欣赏体会那些使人发笑的言辞，你可以记住一些好笑的事例和机智幽默的语言，并且深知其中的含义。如果你是一个习惯严肃的人，你可以学习一下幽默，从而认识轻松的价值。

演讲是在比较正式的场合对众人所做的一种带有鼓动性、说服性、抒情性和表演性的讲话。但是，不能因为它比较正式，演讲人就一定要端起架子，做枯燥无味的陈述。所以，营造幽默轻松的气氛是使演讲易于为人接受的一种高明的方法。

风趣的话语会吸引听众的注意力

许多优秀的演讲者都善于用幽默风趣的语言紧紧抓住听众的注意

力，使听众在会心的笑声中与他产生共鸣，从而比较容易地接受并牢牢记住他的观点。

著名笑星鲍伯·霍普说："题材有出色和平庸之别，但是我知道如何通过时间的控制来使普通的笑话变成很棒的笑话。"

当你为了抓住听众，更好地阐述主题时，插入的幽默笑话或小品必须是毫不造作的。说话要流利，态度要自然，举止要有节制。

芝加哥有一个人，他一心想得到某俱乐部主席的位置。他在一次对俱乐部成员的演说中，表现得过了头，在不到两小时的演说过程中，他至少说了 510 则笑话，并配以丰富的表情和引人发笑的手势。

听众们被他逗得哈哈大笑，在他讲完最后一则笑话就要结束时，有人大叫："再来一个！"

这位老兄真的又来了一个，再次把大家逗得大笑不止。但是他没有当上俱乐部主席——他的得票数在候选人中位列倒数第二。

当他闷闷不乐地走出俱乐部时，他问那位喊"再来一个"的听众："你说我比他们差吗？"

"不，一点儿也不差，"那人说，"你比他们有趣多了，你可以去当喜剧演员。"

作为演讲者，碰到的第一个难题通常是：主持人向听众介绍你，并且称赞你的时候，你应该怎么办？这时，我们不能只是随着主持人的介绍点点头了事。那样的话，就没了幽默感，也不能给听众留下深刻的印象。

如果有人请你去演讲，那么你最好事先写一份自我介绍，在演讲开始前交给主持人。否则，出于礼貌，主持人可能会把你介绍为"著名的……"或"伟大的……"之类的人物。而这些对你将要进行的演讲没有丝毫的帮助。如果你的姓名比较特别或是容易出错的话，那么不妨运用幽默的方式让主持人知道。著名演讲家德克就是这方面的行家。下面是他和主持人之间的一段对话：

"您怎么称呼，先生？"

"哦，我叫德克。"

"您是得克萨斯州人吗？"

"不，我是路易斯安那州人。"

"那您为什么取名德克？"

"我想我叫德克该比叫路易斯好。有这样一个怪名字确实有好处，不过我还没发现好处在哪儿。"

这是介绍自己的一种好方式。不过,需要注意的是,你一定要把自己的介绍词建立在真实可信的基础上,而且要简洁易懂,让主持人一看就明白。这样的话,主持人也会乐于与你合作。在你与介绍人之间建立融洽关系的基础上,你还得运用幽默的力量来随机应变。

有位演说家在主持人介绍失误之后,面带微笑从容地说:"我希望我能说这是一次最好的介绍,但是实际上不是。你们知道我感到最满意的一次介绍是怎样的吗?那是一次面对千万人的演讲会,我非常盼望得到'最伟大'的介绍,结果我终于得到了。那就是由我自己介绍自己。"

场下观众大笑,演说家也渡过了难关。

用幽默生动的演讲驾驭听众

一次演讲要达到可以打动听众、激励听众的效果,除了讲究以情动人、以理服人外,对演讲内容的精心策划和安排也十分重要。演讲者不能板起面孔光讲大道理,以此来显示自己演讲得深刻和发人深省,也不能以表达自己的思想和情感为满足。如果仅流于空洞的说教、现象的罗列和人云亦云的老生常谈,听众的注意力就无法集中,演讲也难有好的效果。演讲需要浅显易懂,但并不是一味地要开门见山,直截了当。"文似看山不喜平",好的演讲必须讲究疏密相间、张弛有度,才能吸引听众的注意力。

让我们来看鲁迅先生的一篇演讲"娜拉走后怎样"。这是鲁迅先生于1923年12月26日在北京女子高等师范学校任教期间为学生们做的演讲。这篇演讲谈的是关于妇女解放、男女平等的严肃话题,阐述了娜拉出走不是妇女解放的根本出路,妇女要实现解放,实现男女平等,首先要取得平等的经济权,并且要进行艰苦的经济制度的革命这样一个深刻的主题。

但鲁迅并没有让听众绷紧神经听大道理,而是从易卜生的戏剧《娜拉》说起,谈到了有些人认为娜拉后来不是堕落,进了妓院,就是无路可走,只得回家。演讲中鲁迅充分发挥了演讲疏密相间的特点,引申开去,他说道:"人生最苦痛的是梦醒了无路可走。""……

我们所要的就是梦；但是万不可做将来的梦，只要眼前的梦。"然而娜拉既然醒了，是很不容易回到梦境的，因此只得走；可是走了以后，有时却免不了堕落或回来。否则，就得问："她除了觉醒的心以外，还带了什么去？倘只有一条像诸君一样的紫红的绒绳围巾，那可是无论宽到二尺或三尺，也完全是不中用。她还须得富有，提包里有准备，直白地说，就是要有钱。""梦是好的，否则，钱是要紧的。"鲁迅的这段演讲听起来似乎漫不经心，像是在闲聊，又像在开玩笑，但实际上与演讲的主题有深刻的关联，那就是娜拉出走，除了内心的觉醒，还要解决生存的问题。鲁迅用通俗幽默的语言，联系听众的实际穿着打扮，娓娓道来，表面上轻松随意，实际上让听众在张弛有度的形象化的讲述中，不知不觉地跟着演讲者的思路走，并且用一句"梦是好的，否则，钱是要紧的"引出演讲的主题，做到了疏密得当，引人入胜。

古人提倡写文章"谓如风行水上，自然成文"（宋朝刘器之语），好的文章讲究自然流露，就像风行水上时疏时密，时缓时紧，水面上才能形成美丽别致的水波。如果一味疾风骤雨，或狂轰滥炸，无论如何也成不了美丽的风景。要想让演讲生动感人，在内容安排上就要讲究丰富多彩，讲究疏密相间；有波澜，有起伏，时而轻松，时而严肃，在张弛有度的语言环境中，潜移默化地引导听众，感染听众。

如何做到演讲时内容生动、疏密得当呢？从许多成功的演讲中，我们可以看到，精心构思，精心安排，注重演讲节奏和中心的突出，精心选择和组织材料，讲究语言的变化多端，使演讲波澜起伏，环环相扣，是成功演讲的关键。

幽默可以很好地应对临场意外

有时演讲会遇到一些意外情况，比如听众寥寥无几，有人故意捣乱，听众提出刁钻古怪的问题或者反对演说者的观点，等等。

遇到这些情况，千万不能气馁、动怒和粗鲁地对待，那样会使演讲无法顺利进行下去。而优秀的演说家能以幽默的方式沉着机智地应对各种意外情况的发生。

有一次，林语堂在美国哥伦比亚大学讲授中国文化课，对中国文化大加赞誉。

一位女学生不服气地发问："林博士，你是说，什么东西都是你们中国的好，难道我们美国就没有一样东西比得上中国的吗？"这是一个不好回答的问题，如果演讲者反过来赞扬美国，不利于演说的主题；如果严肃地表示美国不如中国，会引起在座学生的敌意。

林语堂只是轻松地回答："有的，你们美国的抽水马桶就比中国的好嘛。"

他的话引起哄堂大笑，气氛活跃而和谐，发问者对这一回答也无话可说。

在演讲中遇到听众有不同意见，不可漠然视之，如果不予恰当的处理，后面的演讲将难以顺利进行。

有时演讲者还会碰到恶意的攻击或咒骂，如果演讲者勃然大怒或与之对骂，将损害演讲者的形象，使捣乱者的阴谋得逞。

英国首相威尔逊有一次在民众大会上进行演讲，演讲过程中遇到一些激烈的抗议，一名抗议者高声骂道："垃圾！"威尔逊镇定地说："先生，关于你特别关心的问题，我们等一会儿就讨论。"

他巧妙地将抗议者的谩骂转为现实生活中需要解决的一个问题，为自己解了围，并使会场气氛松弛下来，也就此摆脱了他的被动处境。

第十四章

谈判：幽默的人会让对手心服口服

幽默语言在谈判中的独特作用

美国幽默大师罗伯特·奥本说："每天早上起床后，我都看一遍福布斯美国富翁排行榜。如果上面没有我的名字，我就去上班。"这是一句多么幽默的话语，不仅给人带来了快乐，也温暖了自己的心灵。

幽默，是快乐的源泉，在很多时候，我们需要运用幽默的语言来营造良好的谈话气氛。在日常工作中，许多人都表现得太严肃，他们总认为凡事都应该认真，开不得半点玩笑，否则会坏了大事。事实并不是这样，幽默恰恰为枯燥的工作带来了快乐，缓解了压力，在轻松的氛围中，再谈工作的事情，或许，彼此都会感到轻松不少。尤其在谈判场合，更需要我们恰当地运用幽默语言来营造良好的谈话氛围，化解谈判过程中的尴尬，最终促成谈判的成功。

美国谈判大师荷伯·科恩曾说："世界是一张巨大的谈判桌，谈判存在于生活的方方面面，很多时候，我们自觉或不自觉地就成了某个谈判的参与者。"在日常工作中，谈判已成为一项必不可少的内容。

大多数人认为，谈判应该是庄重的、严肃的，其实，若是在谈判中插入幽默的语言，不但可以缓和紧张情绪，营造出友好的谈话气氛，还可以缩短谈判双方彼此之间的距离，钝化对立感，使整个谈判变得更融洽。在国际谈判中，幽默语言可以使整个谈话更加顺利，彼此化干戈为玉帛，在商业谈判中，幽默的语言巧于辞令，可以为你赢得新的合作伙伴。

1943 年，丘吉尔与戴高乐因叙利亚问题产生了意见分歧。两人心中都有芥蒂。

在这之前，丘吉尔颇为看重的布瓦松总督被戴高乐逮捕了。对此，双方都感觉这个问题已变得很棘手，要想解决它，只能是面对面谈判。

当时，丘吉尔的法语讲得不是很好，而戴高乐的英语却讲得很流利。

两人见面后，气氛变得紧张起来。丘吉尔先用法语打招呼："女人们先去逛市场，戴高乐和其他人跟我去花园聊天。"随后，他高声说了几句英语："我用法语对付得不错吧！是不是？既然戴高乐将军英语说得那么好，一定能够完全理解我的法语。"

话音刚落，戴高乐和其他人都笑了起来。

丘吉尔的这番幽默消除了之前紧张的气氛，建立了良好的谈判氛围，使整个谈判得以在和谐与信任的氛围中进行。

丘吉尔与罗斯福的谈判也是使用幽默语言的典型例子。

在第二次世界大战期间，英国武器短缺，丘吉尔来到华盛顿会晤美国总统罗斯福，请求获得军需物质方面的接济。双方约定第二天进行会谈。

凌晨时，丘吉尔躺在浴盆里，嘴里抽着雪茄，思考着问题。没想到，罗斯福突然进来了，两人相视愣住了。

丘吉尔笑了，说："总统先生，大英帝国首相在你面前可真是没有半点隐瞒啊！"

说罢，两人不约而同笑了起来，此次谈判成功地推动了英美合作。

如此看来，幽默语言是谈判过程中的润滑剂，也是化解谈判僵局和消除紧张气氛的良药。谈判双方是一对矛盾统一体。为顺利达成协议，双方不可能摒弃竞争，更不可能拒绝合作。为了让合作更顺利一些，有一个良好的合作气氛是非常必要的，这是从谈判之初就应该考虑并注意的。

再举一个例子：中方代表就一合资项目与某国财团进行谈判。

谈判刚刚开始，对方就说："我方设备技术先进，拥有自己的专利权，希望你们能开一个令我们满意的价格。"如此漫天要价使整个谈判陷入了僵局。

这时，中方一位代表站起来，说："中国是一个有着几千年悠久历史的文明古国，我们的祖先在一千多年前就将四大发明——指南针、造纸术、印刷术、火药的生产技术无条件地贡献给了人类，而我们的子孙从未埋怨过他们不要专利权，反而称赞他们为推动人类科学技术进步做出了贡献。今天，中国在与世界各国的经济合作中，并不需要你们无条件地出让专利权。只要价格合理，我们是一分钱也不会少给您的。"

不卑不亢的语言融入了幽默的力量，最终，对方愿意降低专利费，从而促成了整个谈判的成功。

如果双方就专利费各持己见，互不相让，那么，谈判肯定会陷入僵局。中方代表一席幽默语言，使整个谈判脱离了僵持的困境，化解了紧张的气氛，促成了和谐的谈判。

随着市场经济的发展，我们谈判的机会一直不断地增加。于是，在谈判中，越来越多的谈判者喜欢追求幽默的语言，与此同时，幽默的语言也成为每一个谈判者获得成功的重要途径。

幽默的语言，对于营造良好的谈话氛围，促成谈判成功具有重要作用。许多人在谈判中都会有胆怯、不安的心理，这种情况在所难免。使用幽默的语言，可以消除对方这种心态，使彼此在轻松自然的氛围中进行谈判，也可以化解双方的尴尬，改变由于某些原因导致双方所处于的进退两难的窘迫局面。

运用幽默让谈判顺利进行

在谈判过程中，双方很可能在某一个点上发生争执，导致谈判的气氛变得紧张，甚至让人有一种窒息感。此时，我们应该怎么办呢？是让这种紧张的气氛持续下去，还是试着缓解呢？毫无疑问，我们应该选择后者。如果僵持下去，气氛可能更紧张，而谈判也可能就此终止。

为了缓解这种让人窒息的气氛，我们可以适当地幽默一下，让彼此都放松下来，为接下来进行进一步谈判创造可能。因为，幽默不仅能将快乐分享，还能避免不必要的尴尬。

当然，幽默也要分场合，要有度，更要有合适的对象，因为幽默并不是简单地说几句笑话，而是一门艺术。

在这一点上，我们不妨效仿外交官。在外交事宜上，外交官往往代表着一个国家的形象。在外交谈判过程中，为了保护自己国家的利益，外交官很可能会和对方产生冲突，让谈判陷入紧张状态。为了两国的友好关系，为了谈判的顺利进行，灵活运用幽默的技巧就成为外交官们的法宝。

1946 年 5 月，远东国际军事法庭在审判日本战犯时，10 个参与国的法官们曾因如何排列法庭的座次问题展开了一场非常激烈的谈判。

中心的位置是属于澳大利亚德高望重的法官韦伯的——他是盟军最高统帅麦克阿瑟指定的庭长。中国法官本应坐在韦伯左边的第二把交椅上，但因为那时候中国比较贫穷落后，遭到歧视——各个强权国家竟然把中国的座次排到最后。

面对这种情况，中国唯一一位出席远东国际军事法庭的法官梅汝璈与列强们展开了一场灵活机智的谈判。

梅汝璈认为，座次应该按照日本投降时各个受降国签字的顺序进行排列，这才是唯一正确的立场原则。他说："如果只是论个人的座位，我本人并不会在意这些。不过，今天是要审判日本战犯的，中国是受日本侵略最严重、抗战时间最长，也是做出牺牲最大的国家。所以，八年浴血奋战的中国是有理由排在第二位的。再者，如果没有日本的无条件投降，也就不会有今天的审判，按照各个受降国的签字顺序来排座次，是顺理成章的事情。"

这番义正词严的话使谈判的气氛变得紧张起来。

为了缓和这种气氛，梅汝璈接着说："当然了，要是各位不能接受这个办法，那我们不妨找一个体重测量器，按体重大小来排列座位，体重重者坐在中间，体重较轻的则坐到旁边。"

各个国家的法官听到这话后都忍不住笑了。梅汝璈继续说："如果不按受降国签名顺序排座，那还是以体重排座次比较好。这样即使把我排到最后，我也会心安理得，而且还可以对我的国家有个交代。我的国家若是觉得我坐到旁边不合适，就会派一个比我胖的人过来替换我了。"

这番话让法官们哈哈大笑。

尽管梅汝璈法官的论辩深入人心，但是这场谈判仍没有一个明确的结果。

就在开庭前一天预演时，庭长韦伯突然宣布，法庭的排座次序为美、英、中、苏、法、加……

梅汝璈立即提出抗议，当场脱掉黑色丝质法袍，拒绝参加预演彩排。他说："今天的预演已经有很多记者和电影摄影师在现场，明天一旦见报就成既定事实。既然各位对我的建议并没有太多的异议，那么我请求马上对我的建议进行表决。否则，我就只能不参加这次预演，立刻回国向政府提出辞呈。"

最终的表决结果是，恢复中国第二把交椅的位置。

梅汝璈法官在谈判中为了国家的利益，据理力争，让谈判的气氛变得紧张起来，但是他懂得运用幽默的说话技巧，很快缓和了紧张的气氛，拉近了谈判各方的距离，为取得谅解、达到目的创造了条件。

在商业谈判中，我们也可以向外交官学习，恰当地运用幽默的手段，以缓解紧张气氛，在对方面前展示自己的气度，树立自己良好的形象，使谈判顺利进行。

以诙谐的语言打破谈判僵局

在实际谈判过程中，有时候我们会遇到对方的挑刺或者故意刁难，导致谈判不可避免会陷入困境中。此时，我们该如何扭转乾坤，让那些故意刁难者知难而退呢？唯有用幽默诙谐的语言反击对方，否则，只会让那些故意刁难你的人更得意，也会让所有对手看笑话。

当然，这种反击需要注意一定的方法和技巧，才能巧妙地化解尴尬，为自己解围，同时也不至于导致谈判破裂，双方下不了台。

美国一个富翁请一位画家为他画肖像。画家精心地为富翁画好了肖像。不过，富翁却拒绝支付议定的 500 美元报酬。他的理由是："你画的根本不是我。"

没过多久，画家就将那幅肖像公开展览，取名为《贼》。富翁得知后，十分生气，打电话向画家抗议。

听到富翁在电话那边咆哮，画家平静地说："这事与你有什么关系？你不是说过了吗，那幅画画的根本就不是你。"

于是，富翁不得不买下这幅画，改名为《慈善家》。

这就是传说中的"以子之矛，攻子之盾"，是"以彼之道还施彼身"的精髓所在。在实际谈判中，当对方不愿意履行承诺的时候，我们之前所谈的成果就要付诸东流，这时候我们就需要冷静对待自己所遇到的事，找到对方的要害，以诙谐、巧妙的方式迫使对方就范。我们应该记住这样一句话：对方想要激怒我们，我们则惹对方一笑，暗中还击，这才是高明的谈判策略。

在谈判过程中，遇到对方刁难时，最失败的反应就是以牙还牙。因为，这种应对方式只会造成谈判失败。

有一次，著名作家克雷洛夫与房东签订租房合同时，那位房东在金钱上十分计较。房东事先就知道克雷洛夫是一个穷光蛋，便在租房合同上特别写了一条：假如克雷洛夫不小心引起火灾烧了房子，那么必须赔偿一万五千卢布。

不过，令房东没想到的是，克雷洛夫看完，非但没有提出反对，而且还很大方地在后面连续加了两个零。

房东一看，喜出望外，说"哎呀呀，150 万卢布。"

其实，克雷洛夫并不是真的愿意多赔钱。他像没事一样，说："是的，反正多少都一样赔不起。"

房东听了，目瞪口呆，一句话也说不出来。

在实际谈判中，如果你遭受到了对方恶意顶撞、攻击、讽刺挖苦或者出言不逊，这时不需要以牙还牙，针锋相对，这样会让局面变得一发不可收拾，那一刻需要将对方的讥讽之词当作前提，作为铺垫，作为条件，顺势表达出自己的看法，从而达到反击的目的。

一位顾客因为饭馆的菜做得不好吃而与饭馆老板展开了谈判：

他叫住老板："老板，这盘牛肉简直没法吃！"

老板："这干我什么事？你应该到公牛那里去抱怨。"

顾客："是呀，所以我才叫住了你。"

顾客按照老板的荒谬逻辑，推论出老板应是"公牛"，搞得对方哭笑不得，自食其果。这种方法在谈判中用处极大，它抓住对方的话柄，顺着说下去，让其向着有利于自己的方向发展，从而产生强烈的幽默效果。

这种谈判方法的特色是不做正面抗衡，而是在迂回的交谈中，顺着对方的话说下去，借力胜敌，从而达到自己的目的并产生幽默效果。

你幽默的口才让对手甘拜下风

在谈判过程中，我们经常会遇到这样的情况：当自己打算向对方提出某项要求时，却不知道对方会不会答应。当然，一旦这个要求被对方拒绝，那场面肯定会很难堪，甚至还会危及彼此之间的合作关系，而幽默往往可以有效处理这类问题。

换言之，我们可以幽默地提出自己的要求，假如对方因为种种原因不可能或者不愿意满足这个要求，那么对方同样可以幽默地拒绝。这样一来，任何一方都不会感到难为情或自尊心受到伤害。假如用幽默的方式提出自己的要求，而对方也答应了，那么双方就可以进入正式的谈判。

1969 年 9 月的一天，时任美国国务卿基辛格就越南战争问题与苏联驻美国大使多勃雷宁举行会谈。

谈判正在进行，尼克松总统给基辛格打来电话。接完电话，基辛格对多勃雷宁说："总统刚才在电话里对我说，关于越南问题，列车刚刚开出车站，正在轨道上行驶。"

老练的多勃雷宁试图缓和一下气氛，机智地接过话头，说："我希望是驾飞机而不是火车，因为飞机中途还能改变航向。"

基辛格立即回答说："总统是非常注意选择词汇的，我相信他说一不二，他说的是火车。"

在这次谈判中，基辛格巧用火车与飞机的比喻，幽默地进行旁敲侧击，鲜明、坚定地表明自己的立场，巧妙地探出了对方的口吻，而他的语气和态度又不显得十分强硬，让对手容易接受。因为，在谈判中，隐晦、形象的试探语言，往往能有效地活跃谈判气氛，使谈判轻松、愉快，并逐步向有利的方向发展。

有一位顾客在一家很高级的餐厅用餐时，把餐巾纸系在脖子上。餐厅大堂经理看到这一幕，觉得这对餐厅影响不好，就叫服务员过来，对他说："你去让那位先生了解一下，在咱们餐厅，那样的行为是不容许的。但是，你千万记得，语气要随和、尽量委婉些，不要让那位先生感到难堪。"

这位服务员来到了那位顾客的桌子旁，很有礼貌地问："请问先生，您是要理发呢，还是刮胡子呢？"

话音一落，那位顾客马上意识到自己失礼，立即取下了餐巾。

服务员并没有直接指出客人的失礼之处，而是以幽默的方式询问两件与餐厅服务项目毫不相干的事情（理发和刮胡子）。从表面上来看，似乎是服务员问错了，而事实上他是通过这种风马牛不相及的幽默话语，来善意地提醒这位顾客，不但使顾客意识到自己的失礼之处，而且做到了礼貌待客，不伤害客人的面子。这个服务员用的正是旁敲侧击的幽默技巧。

虽然，服务员不能把顾客当成对手来看待，但是，实际上这位服务员确实是和顾客进行了一次普通意义上的谈判。试想一下，如果服务员直接指出顾客不礼貌的地方，顾客必定会非常尴尬，可能就头也不回地离开了，并且以后也不太可能再来，餐厅就可能因此失去一位顾客。

因此，在谈判中运用幽默时，还要注意，在说话之前要先思考，从正面、反面、侧面等多角度地想一想，找出可以使对方得到启示的、多种不同的表达方式，选择其中最好的一种，从而达到预期的效果。事实上，在谈判中，最会说话、最能够说服对方的人往往是那些懂幽默，又能一语中的的人。他们平时话不多，但在关键时刻，总能一鸣惊人，把话说到点子上。

用幽默回击无礼的对手

对谈判的双方来说，最重要的就是相互尊重。无论双方代表在个人身份、地位上有多大差异，他们所代表的组织在力量、级别等方面是否强弱悬殊，一旦坐到谈判席的两边，就都是平等的。

在谈判过程中，经常出现这样的情况：有的谈判代表自恃地位高贵，或背后实力强大，在会谈中傲慢无礼，对另一方挖苦攻击，试图在气势上占据上风，迫使对方屈服；也有的代表缺乏自身涵养，谈判不顺利时恼羞成怒，对另一方侮辱谩骂。这种时候，假如想不辱使命，不失气节，又不致激化矛盾，使谈判夭折，被攻击的一方可以使用幽默语言回敬无礼的对手，扼杀其高涨的气焰。

战国时期，齐国大夫晏子出使楚国。在接见他之前，楚王准备先侮辱他一番，借机来挫一挫齐国的威风。楚王派人把城门紧紧关闭，然后在城门边上凿了一个只能容一人通过的小洞，让晏子从这个小洞钻进城。换了别人，就可能会大发脾气或怒而返回——那样就难以完成使命。

晏子只是淡淡一笑，说："只有出使狗国的人才从狗门进去；现在，我是出使堂堂的大国楚国，怎能从这样的狗门进去呢？"

楚王听说后，无言以对，只好命人打开城门，把晏子迎进都城。

楚王接见晏子时，见他身材矮小，就挖苦他说："难道齐国没有人了吗？"

晏子随口答道："齐国临淄大街上的行人太多了，一举袖子就能把太阳遮住，流的汗像下雨一样，人们比肩接踵，怎么会没有人呢？"

"既然有这么多人，怎么会派你这样的矮子为使臣呢？"

"我们齐王派出使者是有标准的，最有本领的人，派他到最贤明的国君那里去。我是齐国最没出息的人，因此被派到楚国来了。"

晏子面对楚王对自己的人身侮辱，气定神闲，从容反击。他顺着楚王的话贬低自己，抬高自己的国家，同时有力地奚落了楚王，使气势凌人的楚王无言以对。晏子凭借自己的机智和雄辩，浇灭了对方的嚣张气焰，维护了国家和个人的尊严，从而为后来的谈判营造了平等互利的氛围。

1984 年秋天，外交部副部长周南和英国代表伊文思就中国香港主权的收复问题再次举行会谈。

在谈判之初，周南笑着对英方代表说："现在已经是秋天了，我记得上次大使先生是春天前来的，那么就经历 3 个季节了：春天、夏天、秋天——秋天是收获的季节。"

表面上看，周南是就英方代表来华的时间，进行关于自然现象的闲谈，但对话双方都明白，此话暗含着另外一层意思：谈判已进行了很长一段时间，到了该得出明确结论的时候了。周南这番话讲得自然得体，不仅融洽了气氛，还表明了我方的意向和决心。

在外交场合，老练而有素养的谈判代表常用一些幽默含蓄的辞令来委婉表达自己的意见。这些暗示语的真正含义通常指向关键性问题，而用这种表面温和的方式表达出来，可以使会谈气氛显得轻松、文雅，从而使实质内容所造成的紧张情势有所缓解。

在谈判中采取幽默的姿态，不仅能够钝化对立感，营造友好和谐的会谈气氛，还能在不经意的话语中埋下机关，在笑谈中有力维护自己的权益。

看准谈判对象选用幽默技巧

作为一个聪明的谈判者，往往善于观察和思考，不放过任何可以展现幽默的机会，同时会非常注意场合，看准对象，掌握幽默技巧，使幽默发挥出最大的效果。

在 20 世纪 70 年代末的一次外贸谈判中，中方代表拒绝了一位红发外商的无理要求。

没想到，这位外商恼羞成怒，竟然出口伤人："代表先生，我看你皮肤发黄，大概是营养不良造成你思维混乱吧！"

中方代表马上反驳说："经理先生，我既不会因为你皮肤是白色的，就说你严重缺血造成你思维混乱，也不会因为你头发是红色的，就说你吸干了他人的血造成你头脑发昏。"

这就是所谓的"以其人之道还治其人之身"，用嘲笑反嘲笑对方，以讽刺对讽刺，在反嘲讽的过程中粉碎对方的诡辩和言语攻击。显而易见，作为谈判者的反击是很有力的，并且是诙谐有趣的。

女大使柯伦泰在担任苏联驻挪威全权贸易代表时，曾就购买鲫鱼问题与挪威商人进行谈判。在谈判过程中，由于挪威商人要价太高，致使谈判陷入了僵局。

这时，柯伦泰说了一句幽默的话："我同意你们提出的价格，如果我国的政府不批准这个价格，我愿意用自己的工资支付金额。但这自然要分期支付，可能要支付一辈子。"

听她这样一说，对方代表面面相觑，最后完全同意将鲫鱼价格降到最低限度，从而使得谈判赢得成功。

当谈判陷入僵局时，我们可以用幽默的语言巧妙地说服对方，这样可以让对方产生共鸣，从而做出让步。在情理之中，说上几句幽默的语言，让对方在莞尔一笑的同时，能够很好地理解自己，这样我们在谈判中获胜的概率就增大了。

在20世纪30年代，卓别林写成了一部以讽刺和揭露希特勒暴行为主题的喜剧电影脚本《独裁者》。不过，就在影片开拍时，派拉蒙电影公司却说："我们曾用'独裁者'这个名字写过一个闹剧，这个名字是我们的专利。如果卓别林一定要用这个名字，则要交付25000美元的转让费。"卓别林多次派人与其谈判，未果，只好亲自上门与其谈判。

在谈判过程中，卓别林灵机一动，用笔在片名前加上一个"大"字，改成《大独裁者》，然后幽默地说："你们写的是一般独裁者，而我写的却是大独裁者，我们俩不搭界，这两者根本就是风马牛不相及的事情。"

结果，这家电影公司的老板无话可说，只好按照卓别林的脚本开拍。

有时候，在实际谈判中，我们可以运用风趣的语言用出乎意料的方式提出双方都能接受的条件，以达到对方的变换要求和改变己方在谈判中所处的不利地位。

风趣的辩论可以减少火药味

如今，谈判能力已经成为现代社会中一个普通人所需要具备的基本本领之一了。随着社会的不断发展，人们参加谈判的机会不断增加，在现实谈判中，追求诙谐有趣的谈判者越来越多，因为大家在精神疲惫的同时不希望进行过于严肃的谈判，于是诙谐的语言成了谈判者希望赢得谈判成功的尚方宝剑。幽默的语言可以是风趣的，诙谐的，含蓄的，在实际谈判中，我们可以适当地将这些幽默的语言融入其中，从而减少谈判本身那严肃、单调乏味而充满火药味的气息，使整个谈判变得生动有趣，让谈判在轻松自如的氛围中结束，并取得双赢的效果。

美国前国务卿基辛格是一位善于控制自己情绪的人。有一次，他在德黑兰短暂停留。当晚，伊朗首相邀请他去看舞女帕莎的表演。基辛格看得很专心，帕莎表演结束后，他还跟她闲聊了一阵。

第二天，一名记者当众与基辛格打趣："你喜欢她吗？"基辛格很恼火，心想这帮好事之徒真是不放过任何一个细节，但表面上他仍然一本正经地回答那位记者："不错，她是位迷人的姑娘，而且对外交事务也有浓厚的兴趣。"那位记者很快就上当了："真的吗？"基辛格回答说："那还有假？我们在一起议论了限制战略武器会谈，我费了些时间向她解释了 Iss－7 导弹怎样改装成 U 级潜艇发射。"

众人哈哈大笑，而那位记者却感到无地自容。

其实，说话本身是一门高雅的艺术，如果把话说好了，即便没有达到自己的目的，听者也会对你产生莫名的好感。通常情况下，在实际谈判中，遇到不适宜从正面回答的问题，我们应该反其道而行之，把球踢给对方，这是较好的谈判策略。

许多年以前，在以色列，有一位从战场上胜利归来的将军回到了自己的老家。由于他所拥有的丰功伟绩，使得他在这个城市的身价倍增，他也成了许多女人追逐青睐的对象。不过，这位将军并不喜欢这样，他甚至很讨厌这种情况。但即便这样，还是有一些人会对他紧追不舍。

其间，当地一位很有名气的女记者，接连几个月都写信给那位将军，表示自己想认识这位伟大的将军。在一次舞会上，这位女记者手上拿着桂枝，向将军走了过来。将军躲闪不及，与女记者撞个正着，于是，女记者顺手将桂枝递给将军，将军很绅士地笑了，说道："应该把这桂枝留给缪斯。"听到这样的话，女记者并不感到尴尬，她以为只是一句玩笑，她绞尽脑汁想找到一个话题与将军搭话。

女记者问道："将军，您最喜欢的女人是谁呢？"将军诚实地回答说："是我的妻子。"女记者继续说："这太简单了，您认为最重要的女人是谁呢？"将军回答说："是最会料理家务的女人。"女记者故作聪明："这我料到了，那么，您认为谁是女中豪杰呢？"将军回答说："是孩子生得最多的女人，夫人。"

就这样，两人就好像审讯犯人一样，一问一答，紧张的气氛简直令人窒息，自然就谈不下去了。最后，女记者感到局促不安，也不想自讨没趣，就起身离去了。

在这个类似谈判的场景中，面对女记者的提问，将军那诙谐的话语既不答应，也不拒绝，就是不说正事，这才是一个高明的谈判者。反之，那位女记者就不算一个高明的谈判者了，面对即将出现的僵局，她没了主意，这时如果不采取策略，慢慢地对方就会失去耐性，谈判最终不了了之。

在实际谈判中，当对方向我们提出过分的要求时，拒绝并不是唯一的办法，我们可以试着答应对方的要求，不过，一定要限定在某个对方不可能接受的条件范围之内，这样幽默的方式会让对方占不到丝毫便宜，继而主动退却。

幽默可以让谈判局面化干戈为玉帛

现实生活中的谈判已经走向了多元化，大部分谈判者会用到幽默的技巧，这样可以缓和紧张的气氛，营造出和谐而友好的气氛，同时也缩短了双方的心理距离，钝化了对立感。许多谈判者之所以那么青睐于幽默的艺术，是因为幽默可以使他们在谈判中如鱼得水，经常会产生"山重水复疑无路，柳暗花明又一村"的效果。而且，在紧张的谈判中，幽默还可以适时起到化干戈为玉帛，变"战争"为和平的作用。

在一次董事会上，美国电报电话公司董事长卡普尔的领导方式遭到了公司许多人的批评和责问，整个会场充满了紧张气氛。有位女董事质问道："过去一年中，公司用于福利方面的资金是多少？"当她得知用于福利的资金只有几万美元的时候，又说："我真要昏倒了！"听了这样的话，卡普尔漫不经心地回答了一句："我看那样倒好。"听到这样的话，会场立即爆发出一阵难得的笑声，而那紧张尴尬的气氛也随之消失了。

在这个案例中，卡普尔用恰当的口吻把敌视的讽刺化为幽默，与此同时，也化敌为友，消除了大家激动的情绪。在实际谈判中，有时候因某种原因导致谈判双方处于骑虎难下、进退两难的窘境，这时，若能说一句幽默的话，往往会让难堪的双方相视而笑，尴尬的气氛就会马上缓和下来，从而使谈判顺利进行。

利用幽默可以让你变为谈判高手

有一位教徒问神父："我可以在祈祷时抽烟吗？"他的请求遭到神父的严厉斥责。而另一位教徒又去问神父："我可以在吸烟时祈祷吗？"后一个教徒的请求却得到允许，悠闲地抽起了烟。

这两个教徒发问的目的和内容完全相同，只是谈判语言的表达方式不同，而得到的结果却完全相反。由此看来，表达技巧高明才能赢得期望的谈判效果。

谈判的语言技巧在营销谈判中运用得好可带来营业额的高增长。

某商场休息室里经营咖啡和牛奶，刚开始服务员总是问顾客："先生，喝咖啡吗？"或者是问："先生，喝牛奶吗？"销售状况一直平平。后来，老板要求服务员换一种问法，即"先生，喝咖啡还是牛奶？"结果其销售额大增。

换一种说法能促进销量的原因在于，第一种问法容易得到否定回答，而后一种是选择式，大多数情况下，顾客会选一种。

如果你想到某家公司担任某一职务，希望月薪2万元，而老板最多只能给你1.5万元。老板如果说"要不要随便你"这句话，就有攻击的意味，你可能扭头就走。而老板不那样说，只是说："给你的薪水是非常合理的。不管怎么说，在这个等级里，我只能付给你1万元到1.5万元，你想要多少？"很明显，你会说"1.5万元"，而老板又会好像不同意地说："1.3万元如何？"

你继续坚持1.5万元，其结果是老板投降。表面上看，你好像占了上风而沾沾自喜，实际上老板运用了选择式提问技巧，你自己却放弃了争取2万元月薪的机会。

当你作为顾客与店主进行谈判时，你有没有运用语言技巧呢？

我们不妨先看一则笑话。

有一次，一个贵妇打扮的女人牵着一条狗登上公共汽车，她问售票员："我可以给狗买一张票，让它也和人一样坐个座位吗？"售票员说："可以，不过它也必须像人一样，把双脚放在地上。"

售票员没有给出否定的答复，而是提出一个附加条件：像人一样，把双脚放在地上。用这种方式限制对方，从而说服了对方。

学会谈判并不是一件难事，只要你努力学习，掌握相关的谈判技巧和策略，你一定能够成为谈判高手。

用幽默的方式争取有利的价格优势

在商业谈判中，价格问题是最关键的一环。双方常常在这个问题上争执不休、相持不下，都想最大限度地争取到有利于己方的价格。我们来看一个以幽默的方式并成功的例子。

有一次，三名日本航空公司代表与美国某公司的经理进行业务洽谈。美国经理表现得精明能干，在谈判的两个半小时中滔滔不绝，用各种数据材料论证他们的开价。同时，三名日本人则一言不发地呆坐在那里。最后，美方经理认为已经做了充分的论证，自信能够争取到有利于自己的价格，这才充满希望地问日本人："好啦，我说完了，你们有什么想法？"

"我们没听懂。"日本人很有礼貌地回答。

美方傻眼了："你们什么意思？没听懂？哪个地方没听懂？"

"你讲的全部，"日本人彬彬有礼地回答，"你能再给我们讲一遍吗？"

美方经理的信心与热情被当头泼了一瓢冷水，原来自己的长篇大论都白说了，而再次陈述两个半小时显然是不可能的，美方只好同意降低价格。